だいわ文庫

東大現代文で思考力を鍛える

出口 汪

大和書房

はじめに

▼現代を生き抜くための真の教養を身につけたい人へ
▼物事の本質について考える力を鍛えたい人へ
▼様々な角度からこの現代を深く知りたい人へ
▼新しい時代を生きるための指針を求めている人へ
▼知的好奇心を満たしたい人へ
▼東大が求めている学力を知りたい受験生へ
▼現代文だけでなく小論文のネタもほしい人へ
▼学問をする上での基礎知識を得たい大学生へ
▼将来大学を目指す子供を持つ親たちへ
▼そして、面白いものを求めているすべての人たちへ

今、東大の現代文入試問題を贈ります。

東大の現代文ほど、面白いものはない

「東大」と聞けば、政治家や官僚など、あらゆる分野で権力を握っている人たちを思い浮かべるかもしれない。

学歴至上主義を見直す気運もあるが、依然として東大出身者が権力を握るケースが多いのが現状だと言ってもいいだろう。

だが、そんな東大が「現代文」の入試問題で、受験生に提示する問題文には、どれも「反権力・反常識」の主張が根底にあり、私たちの固定観念に揺さぶりをかけるものばかりである。

実際のところ東大は、柔軟な思考ができ、激動する時代に自在に対応できる新しい頭脳を求めているのだ。そうした頭脳を持った人材を輩出できなければ、日本の大学の頂点に立つ「東京大学」としての存在理由がなくなるからである。

それならば東大が求めている価値に耳を傾けることで、新しい時代を読み取ることができるのではないか。

東大の現代文入試の問題文は、東大がその年の顔として、まさにメンツを懸けて探してくる文章である。

東大の入試問題は文部科学省の役人だけでなく、大方の教育関係者が必ずといっていいほど目を通すものなので、陳腐なものを出題するわけにはいかない。ゆえに、どの文章も面白くて、深いものばかりである。

この世界で生き抜くための、そして人生をより豊かにする教養が、ふんだんに盛り込まれているのだ。キーワードだけを列挙しても、多種多様である。

人生・夢・近代合理主義・他者・背後・自然・環境問題・生態系・無意識領域・論理・ニュートン・歴史と反歴史・脳死判定・臓器移植・生命倫理・情報社会・スクリーン・自我・ポストモダン・ウルトラモダン・プライバシー・アイデンティティ・データダブル・言語・文学・グローバル・バイリンガル・李良枝・天安門・キリスト教・科学精神・内なる自然・演技・世阿弥・離見の見・目前心後・チェーホフ・天井桟敷の人々・身体論

ハンディな本書一冊に、現代の英知が凝縮されている。しかも、それをいつでもカバンに入れて持ち歩けるのだ。

さらに、各問題文に一題、実際に入試で出題された設問を取り上げ、論理的な解法を試みた。問題文全体の内容が分かり、しかも、論理力を鍛えるのに適した設問に絞り込んだつもりである。

肩の力を抜いて気軽な気持ちで取り組んでほしい。頭の中で答案を考えてみるだけでも、思考力を鍛える訓練になる。六割以上の答案を作成できたら東大に合格できるのだから、この問題で手応えをつかめれば、実際に過去問を解いてみるのも一興だ。


私たちは今、激動の時代を生きている。

否応なく押し寄せてくる膨大な情報に翻弄(ほんろう)され、途方に暮れている。

大切なのは、泡のように生まれては消えていく膨大な情報ではなく、その真偽を判別し、自分にとって必要な情報を生かすことのできる真の教養と、それに基づく本物の思考力である。

私たちは今こそ本物の力を蓄えなければならない。

もちろん本書に収録しているのは、作者の方々の思考のほんの一部分にすぎない。

しかし、東大現代文が、〝本物の教養〟を身につけるための示唆(しさ)を与えてくれるのは間違いない。

出口　汪(ひろし)

はじめに　3

序章　東大が投げかける、受験生へのメッセージ

儚い人生を、私たちはどう生きるか「夢のように」福永武彦　12

第1章　常識に縛られない思考を作る4問

科学、そして近代文明の全面否定「異常の構造」木村敏　30

「背後」という世界「背・背なか・背後」小池昌代　50

「本当の論理力」を問う「流れとよどみ 哲学断章」大森荘蔵 69
歴史的真実とは何か？「反歴史論」宇野邦一 92
COLUMN 私が論理力を手にした日 113

第2章 現代の問題系を理解する4問

生命倫理と臓器移植「問われる『身体』の生命」西谷修 116
「誰のため」の環境問題なのか？「社会哲学の現代的展開」加茂直樹 132
自己とプライバシー「ポスト・プライバシー」阪本俊生 153
アイデンティティと言語「ぼくの日本語遍歴」リービ英雄 173
COLUMN 東大入試と京大入試 190

第3章 芸術と文化の見方を学ぶ3問

西洋の美、日本の美「美しきもの見し人は」堀田善衞 194
「演技」と「人間の本質」「鈴木忠志演劇論集 内角の和」鈴木忠志 213
一流役者の感情表現「思想する『からだ』」竹内敏晴 229
COLUMN 東大は「ただ英語を話せる人」を求めていない 249

おわりに 251

序章

東大が投げかける、受験生へのメッセージ

1981年度

第1問

夢のように

福永武彦（ふくながたけひこ）

Profile

一九一八年生まれ。東京大学仏文科卒。旧制一高在学時より詩作を始める。中学教師、学習院大学講師（六一年より教授）などを務めながら、精力的に作品を発表。一九七九年逝去。代表作に『草の花』『忘却の河』（以上、新潮文庫）、『死の島』（講談社文芸文庫）など。小説以外にも評論、日本古典の現代語訳、ボードレール全集編集など多彩な仕事がある。

儚い人生を、私たちはどう生きるか

東大の現代文入試問題は実に面白い。

思春期真っ只中、合格を目指してひたすら勉強に打ち込む受験生に「人生とは？」と問いかける。

人生を長いと感じる人もいれば、一瞬だと感じる人もいるだろう。

しかし「現在」から過去を振り返るとき、それは一瞬のうちに過ぎ去ったものと感じられる。

人生は夢のようだという表現は、それゆえ、人生の儚さをも示していると筆者はいう。さらに筆者は、その夢を現実に準じる価値あるものとして語るのだが、子供の頃から過度な受験勉強を強いられてきたであろう東大受験生の心にどれだけ伝わるのだろうか？

出題者がどのような意図でこの文章を選択したのか、それをいろいろと想像してみるのもまた一興だろう。

問題文

夢のようだという表現は、恐らくは流れて行く時間の早さを示すために、人類とともに古くからあったのかもしれない。それはまた人生の有為転変を示すものでもあった。浦島太郎にしても、リップ・ヴァン・ウインクルにしても、彼等が別世界で暮していた間の時間は、あっというまに過ぎ去っていた。考えてみると、彼等の別世界に於(お)ける日常では（必ずしも別世界でなくてもいい、自覚せられていない日常という意味である）時間はゆっくりと、等間隔にリズムを打ちながら、過ぎて行きつつあった。しかし或(あ)る瞬間に（つまり彼等がこちら側の世界に戻って来た瞬間に）過去は一種の衝撃となって彼等に迫って来る。それは眠りから急激に覚めた時の印象に似ていて、過去は流動する流れとしてではなく、一個の物として認識される。その点から、彼等の体験はまさに夢と似かよって来る。何となれば夢というものも、日常とは別の次元に属し、流れではなく物であり、無時間の渾(こん)沌とした大きな塊りなのである。そして昔を顧みて夢のようだと言う時に、時間はその日常的な早さを一足飛びに飛び越してしまっている。飛び越された部分、つまり夢の部分は、燃え尽きた時間の灰にすぎない。そしてその灰は刻々に冷たくなり、次第に形を失い、忘れられ、遂(つい)には風に吹かれるがままに四散して、あとには何も残らなくなる。

従って、夢のようだという表現は、時間の早さを示すことによって、人生のはかなさをも示している。信長が桶狭間の出陣を前に幸若舞(こうわかまい)の「敦盛(あつもり)」を舞って、「下天のうちをくらぶれば夢まぼろしの如(ごと)くなり」と歌った時に、彼は敦盛の哀れな生涯を貫く鍵語としての「夢まぼろし」を、人生一般に通じる象徴として、一つの決意にまで高めたのであろう。人生が一つの夢だということを真に悟りさえすれば、信長でなくても、その人間には何一つ恐れるものはない筈(はず)である。

こういうふうな夢への共感は、私には何となく日本的な感じがする。勿論(もちろん)人生が夢に近いという考えかたは、文明人から野蛮人まで、古今東西を問わず共通のものだろうが、日本人の場合には仏教の無常感と結びついて特に身近に感じられたのだろう。たまたま「一遍上人語録」の中に次のような言葉を発見した。

「夢と現(うつつ)とを夢に見たり。種々に変化(へんげ)して遊行(ゆぎやう)するぞと思ひたるは、夢にて有りけり。覚(さめ)て見れば少しもこの道場をばはたらかず、不動なるは本分なりと思ひたれば、これもまた夢なりけり」

夢から覚めてみれば、現もまた夢だったという二重の構造によって、夢は一層その眩暈的な作用を果している。それは宗教的に解釈すれば、迷いの中にあっては悟りと思われるものも迷いにすぎないことを示すのだろうが、しかし一般に、私たちは人生が一つの夢であり、覚めてみてもまだそれが夢であるというふうには考えないものである。人生が「夏の夜のうたたねに垣間みた夢まぼろし」（「真夏の夜の夢」）だというのは、舞台の上で演じられている場合に限られていて、よほどの悟り切った坊さんででもない限り、人生が夢とは別ものであることを知らない者はいない。

むかし私はロマンチックな青年で、ネルヴァルの顰みに倣って、夢は第二の人生であろうと信じていた。それは恐らく夢が現実とは別の、しかしその等価物であると思い込んでいたせいである。しかしそれから私が少しずつ現実というものの正体に近づいて行くにつれて、嘗ては重みを同じくしていたこの二つのもののうち、夢の重みは次第に軽くなり、それは現実の重みにはとうてい匹敵しきれないものであることが分った。それ故今の私は、夢を一種の現実の反映としてしか見ることが出来なくなった。それでも私はまだ現実が夢のかたちで映し出すものを――それはしばしば芸術という名で呼ばれるのだろうが――信じているから、ロマンチックなところは依然として残っているのかもしれない。

出典：福永武彦『随筆集　夢のように』（新潮社、一九七四年、二〇九～二一二頁）

［注］○「下天のうちをくらぶれば……」――「下天」は天上界の中で最も下層の天をいう。この引用句の前後を補うと、「人間五十年、下天のうちをくらぶれば、夢まぼろしのごとくなり。一度生をうけ、滅せぬ者のあるべきか」となっている。

○ネルヴァル――Gérard de Nerval（一八〇八―五五）フランスの小説家で夢と狂気の幻想によって時と所を超越した世界を描いた。作品に「火の娘」「オーレリア　夢と人生」等がある。

解説

東大の現代文入試問題の特徴の一つが、**慣習や常識にとらわれない柔軟な思考力を持った学生を選抜したい**という明確な意思表示にある。

たとえば、一流高校、一流大学、一流企業という延長線上に自分の人生を設計している受験生に向けて、「人生は夢のように儚いんだよ」というような、福永武彦の文章をさらりと出題する。

もちろん、受験生は大学側の意図を感じとる余裕もなく、懸命に問題用紙に向き合っているのだが、この問題文を選択したところに大学側の思惑が透けて見えるようである。

現実という頑丈な壁の前に立ち止まり、その先にあるものを見ようともしない現実主義者よりも、**絶えず見えるものの先にあるものを見ようとする想像力豊かな若者**を育てたいのであろう。

なぜ、夢は儚いのか

筆者は「夢のようだ」という表現について言及する。

「楽しい時間は夢のように過ぎる」というように、それは時間の早さを示すものだ。

その例として、浦島太郎やリップ・ヴァン・ウインクルを挙げている。彼らが別世界で暮らしていたとき、時間は現実世界と同様に等間隔に過ぎ去るが、ある瞬間、時間が物として認識されるようになるのである。

「或る瞬間に過去は一種の衝撃となって彼等に迫って来る。それは眠りから急激に覚めた時の印象に似ていて、過去は流動する流れとしてではなく、一個の物として認識される」

とあるが、時間を「一個の物」として捉えるという感覚は見事である。

たとえば、浦島太郎が竜宮城で過ごした一日一日は、等間隔の時間が流れていたはずである。ところが、現実世界に戻って玉手箱を開けた瞬間、過去は一種の衝撃となって立ち現れたのだ。そのとき、浦島太郎にとって過去は「一個の物」にすぎなかった。

それは夢と同じ構造を持っている。夢の中での時間はゆったりと等間隔に流れているのだが、目が覚めて、その夢を振り返ってみると、あれほど長く感じられた夢の中での時間は一瞬で過ぎ去っていくのだ。

ひとたび「人生は夢のようだ」と言ったとき、それは**人生における時間の早さと同時に、儚さを意味する**ことになる。

私たちが生きているとき、時間は等間隔に流れているのだが、いったん立ち止まり過去を振り返った瞬間、その過去は一個の「物」として感じられるのだ。

人生には強く印象に残る瞬間がある。

初めての恋が成就したとき、大学に合格したとき、結婚したとき……。しかし、そういった過去も筆者によると「燃え尽きた時間の灰」であり、やがて風化する。それが人生の儚さなのだ。

人生の儚さの例として、筆者は信長が桶狭間の合戦の際、幸若舞の「敦盛」を舞い歌ったことを挙げる。これは後に紹介する設問に絡むことだが、信長は人生が「夢まぼろし」だとして、出陣の決意としたのである。

等間隔に流れていたはずの時間は、振り返れば一個の「物」になり、あたかも夢のように感じられてしまう。

信長であっても人の子、殺されるかもしれない戦が恐ろしくないはずはない。まして、今川の軍勢のほうが圧倒的多数である。

そこで、信長は「敦盛」を舞い歌いながら、人生は夢なのだから殺されたところで何が恐ろしかろうと心を静め、出陣の決意を固めたのである。

「人生は夢のように儚いものだ↓だから、何も恐れるものはない↓出陣の覚悟をした」と、飛躍部分を埋めてやれば答えが出来上がる。

解答

信長は敦盛の生涯を貫く「人生は夢まぼろしのごとく儚い」という鍵語を人生一般に通じるものとし、人生が夢のように儚いものならば何も恐れるものはないと、出陣の覚悟を決めたということ。

補講

さらに深く学びたい人へ

福永武彦の入門編としては、出世作となった『草の花』（新潮文庫）から読めばいいだろう。一人の青年の愛と孤独と死を描いた作品だが、知的で静謐な文体に惹かれた読者は多いのではないだろうか。

理知的な青年の観念的ともいえる内面世界が、詩的で抑制のきいた文章で見事に表現されている。

だが、私としては『死の島』（講談社文芸文庫）をすすめたい。文庫で上下二冊の大長編だが、まさに彼の集大成ともいえる作品である。この作品の中に、福永武彦が生涯問い詰めたテーマが凝縮されているように思えるのだ。

非常に重たい作品だが、文学好きにとってはたまらなく面白いはず。

主人公は出版社に勤めている小説家志望の青年相馬鼎。彼が惹かれている画家の萌木素子と、彼女と同居している相見綾子とが服毒自殺をしたとの知らせを受け、急行列車に飛び乗る。と、冒頭から作品世界にぐいぐいと引き込まれる。

しかも、複雑な構成の前衛的な手法で、相馬鼎や萌木素子の内面世界が描かれていく。

相馬鼎は萌木素子に惹かれながらも、しだいに、相見綾子にも惹かれ、引き裂かれていくのだが、物語が進み、やがて二人をモデルにした小説を書き始める。

相馬の視点から描かれた現実世界、相馬が書きかけている小説、素子の意識の世界など、様々な角度から、それぞれの文体で描き出され、これらの世界が交錯しながら、しだいにクライマックスを迎えていくのだ。

特に闇に飲み込まれていく萌木素子の内面世界では、彼女の広島での被爆時の状況がフラッシュバックのように描かれ、徐々に読者を混乱に陥れ、現実と夢の区別がつかないような倒錯した世界へと引きずり込んでいく。

『草の花』で追い求めた愛と孤独と死というテーマが交響曲のように重なり合い、しかも、現実と夢が等価であるような作品世界が構築されている。

第1章

常識に縛られない思考を作る４問

1986年度

第1問

異常の構造

木村敏（きむらびん）

Profile

一九三一年生まれ。医学博士。専門は精神病理学、精神医学。京都大学名誉教授。河合文化教育研究所主任研究員。道元禅や西田哲学を精神医学にとりいれ、独自の人間学を提起して注目されている。著書に、『自覚の精神病理』（紀伊國屋書店）、『時間と自己』（中公新書）、『人と人との間』（弘文堂）、『偶然性の精神病理』（岩波書店）など多数。

科学、そして近代文明の全面否定

東大のイメージというと、おそらく「権威的・官僚的」といったところではないか。実際に、政治家、官僚、学者など、東大卒が圧倒的な割合である。激しい受験競争を勝ち抜いた者のみが、日本最高の偏差値を誇る東大の赤門を潜ることを許される。すべての東大生・東大卒がそうだとはいわないが、強烈な「自負心」を抱いている者は少なくないだろう。

東大の出題陣が体制的な思想の持ち主ばかりだと思っても、無理からぬことではないか。

ところが、東大の現代文出題陣が望む受験生像は、やはり世間が考える東大のイメージとは真逆なものらしい。

「固定観念にとらわれず、柔軟な思考ができるか」

そういった受験生を欲しているかのようだ。

それは社会人に対してもいえる。この激変する世の中で、絶対的なもの、常識などどこにもないのだから、固定観念にとらわれず、絶えず自分の頭で柔軟に思考することこそ、新しい時代を生き抜く条件ではないか。

常識とは思考停止状態を生み出すものであり、それゆえ、ものを考えない人間が新しい時代に対応できないことは明らかである。

そこで、衝撃的な問題文を取り上げよう。

何と三十年以上前の出題であるが、あの頃私たちが信じて疑わなかった科学を否定し、それを前提に発展した近代文明など虚構にすぎないと断じた文章である。

科学、そして近代文明の全面否定。

昔から東大現代文は、実に過激だったのだ。

問題文

異常で例外的な事態が不安をひきおこすのは、安らかに正常性の地位に君臨しているはずの規則性と合理性とが、この例外的事態を十分に自己の支配下におさめえないような場合が生じたときである。つまりその例外が、合理性とは原理的に相容れない、合理化への道がアプリオリに閉ざされた非合理の姿で現われる場合である。このような原理的・本質的な、アプリオリな非合理が——つまり、合理化の未完成ではなくて合理化が絶対的に不可能であるような非合理が——いやしくも存在するということは、その合理性が完全な意味での合理性ではなく、それ自体合理性に反するような欠陥を含んでいるということを意味する。この致命的な欠陥が私たちを不安にするのである。

そこで、現代という時代が科学の名のもとに絶対的な信仰を捧げている合理性が、はたしてそのような欠陥を含まぬ完全な合理性でありうるのかということが、あらためて問いなおされなくてはならないことになろう。科学とは、私たち人間が自然を支配しようとする意志から生まれてきたものである。それはいわば、自分自身もとをたどれば自然の一部にすぎなかったはずの私たちが、みずからを自然からひき離し、自然の頭上に舞い上ってこれをはるか上方から支配し、操作しようとする傲慢な意志の産物であった。そして、この支配を合法化し、これに絶対的な権限を与えるために、私たちの頭脳が作り上げた非常大権ともいうべき律法が、ほかならぬ合理性なのである。

ここで、自然そのものには、すくなくともそれが人間の野心によって征服される以前においては、いわゆる「合理性」のひとかけらすら備わっていなかったのだということを、いくら強調しても強調しすぎることはないだろう。自然が今のように合理的・法則的な外観を呈しているのは、それが人間の支配のもとに屈服しているかぎりでのことなのである。合理性という名の律法による圧政のもとにおかれた自然は、それ自身合理的にふるまうよりほかなかったのである。

その際に人間の頭脳のとった巧妙な支配技術は特筆するに値する。人間はまず、自然それ自身が外見上示している周期性に眼をつけた。太陽はほぼ一定の周期をもって運行するし、動物も植物も、そして人間自身も、この周期とかなり一致した関係を保ちながらきまった状態を反復する。自然をさらに微細に観察しても、やはり同じような周期性と反復性がすみずみまで行きわたっているように思われる。これらの周期性と反復性を一定の体系の枠の中に拾い集めて編み出したもの、それが「合理性」といわれる組織にほかならない。自然は、みずからの姿にあわせて人間が仕立ててくれたこの囚衣をこばむはずがなかった。自然は人間の巧妙な檻穽（わな）にかかったのである。この身にぴったりと合う囚衣（しゅうい）を着せられて、自然は無邪気に満足し、この合理性の着衣を誇りにすら思うようになった。自然は人間に対して忠誠を誓い、人間に対して喜々としてその合理性の姿を示し、ついには人間も自然もともどもに、自然とは合理性の別名であるかのような錯覚におちいってしまった。

　ところが、自然自身すらとうの昔に忘れ去ってしまったかに見える自然の本性は、実は合理性とはなんのかかわりもないもの、むしろ非合理そのものなのだった。第一、自然が存在するということ自体が非合理以外のなにものでもない。自然は、あるいはこの宇宙は、存在する必要もなしに存在しているにすぎない。太陽の運行は確かに規則的である。しかし、太陽が存在するということ、それが運行しているということ、さらには人間を支えているこの地球が存在し、太陽との規則的関係において運行しているということ、地球上にそもそも生命なるものが存在するということ、これらはすべていっさいの規則性を超越した大いなる偶然である。そして、それは偶然である限りにおいて、合理性とは真正面から対立するものである。

この大いなる偶然性・非合理性こそは自然の真相であり、その本性である。それが人間の眼に見せている規則性や合理性は単なる表面的な仮構にすぎない。真の自然とはどこまでも奥深いものである。自然の真の秘密は私たちの頭脳でははかり知ることができない。そのような自然を人間は科学の手によって支配しようと企てたのである。そして、自然の上に合理性の網の目をはりめぐらせて、一応の安心感を抱いて、その上に文明という虚構を築きあげたのである。

出典：木村敏『異常の構造』（講談社現代新書、一九七三年、一一二〜一一五頁）

解説

第一段落が一見難しく感じられるかもしれないが、丁寧に読めば大丈夫だ。「つまり」を繰り返し使っていることから、たった一カ所分かれば、後は同じ内容の繰り返しであるということが分かる。

「合理化」が常に正しいわけではない

「異常で例外的な事態」というものは、すなわち**「絶対的な原理」のようなものを前提としているから**起こり得る。私たちが本当にその原理を信頼していれば、たとえ異常な事態が起こったところで、それは単なる例外にすぎず、不安になることなどないのである。

ところが、今やその事態は私たちに不安を引き起こすと、筆者は指摘する。それはなぜなのだろうか？

筆者は私たちが信奉している合理性とは、実は「原理的・本質的な、アプリオリな非合理」＝「合理化の未完成ではなくて合理化が絶対的に不可能であるような非合理」を含んでいると指摘する。

私たちが信奉している規則性と合理性が「合理化の未完成」ならば、異常で例外的な事態が引き起こされるのはそのためで、やがて合理化が完成されれば、異常で例外的な事態はなくなるわけである。

ところが、合理化は実は「合理化が絶対的に不可能であるような非合理」という欠陥を含んでいるのではないかと、私たちは心のどこかで疑っているから、異常で例外的な事態に遭遇すると不安になってしまうのである。

私たちが信奉している「科学」の正体

そこで、筆者は私たちが信奉している科学が、なぜ「合理化の未完成」ではなく、「原理的に非合理な事態」を含んでいるのかを証明しなければならなくなる。

では、科学の正体とは何だったのか？

「科学とは、私たち人間が自然を支配しようとする意志から生まれてきたものである。

それはいわば、自分自身もとをたどれば自然の一部にすぎなかったはずの私たちが、みずからを自然からひき離し、自然の頭上に舞い上ってこれをはるか上方から支配し、操作しようとする傲慢な意志の産物であった」

　これはいったいどういうことか？

「主体」と「対象化」

　この部分を理解できるかどうかがポイントなので、少し解説を付け加えてみたい。「対象」「対象化」という言葉があるのだが、現代を知る上で非常に重要な言葉なので、ここで少しこの言葉の使い方を考えてみよう。

「対象化」とは、物事を距離を置いて捉えることで、その捉えられたものが「対象」である。

　たとえば、今、この瞬間、あなたは自分の顔を自分で見ることができるだろうか？

　もちろんそれは不可能である。

　見ようとするあなたを主体という。なぜ見ることができないのかというと、見るあなた（主体）と見られるあなたとに距離がないからである。要は、自分の目で自分の目を見ることはできないということである。

では、どうすれば自分の顔を見ることができるのか？

答えは簡単で、鏡に自分の顔を映せばいいのである。すると、見る自分と鏡に映った自分との間に距離ができる。これが対象化で、その結果、私たちは自分の顔を客観的に観察することができる。

顔は観察対象となったのである。

「自然科学」の誕生

西洋人は何でも物事を対象化しようとした。

たとえば、人間の体を解剖し、分析したし、心の中まで対象化、分析して心理学を生み出した。**自分自身までも客体として捉え、分析しようとしたのが、西洋人特有のものへの対し方**だった。

こうした対象化は、西洋人特有のものだったのだ。

そして、彼らは自然までも対象化しようとした。自然は彼らにとって観察対象となった。自然を距離を置いて観察することによって、自然の規則性、反復性を発見した。

それらの規則性、反復性を法則化し、それで自然を説明した。その結果、彼らは自然を征服したと思い込んだ。

ところが、ここに大きな落とし穴があったのだ。

物事を対象化するには、観察者は対象の外にいなければならない。一定の距離を置いて観察しないと、対象化にはならないからだ。

自然の一部である人間が、自然を対象化するなど、そもそも不可能なことなのである。**自然を対象化するということは、人間が神の視点を持つということに他ならない。**

そうやって、彼らは自然を征服し、コントロールできたと錯覚した。

ゆえに、今、様々な場面で自然から手痛いしっぺ返しを食らっている。

日本人の自然について

問題文には書かれていないけれど、大切なことなので、補足説明をしようと思う。

日本人はもともと自然を対象化しようとする意識が希薄だったのだ。知識人であればあるほど、逆に自然と一体化しようとした。吉田兼好も鴨長明も隠遁生活をし、自然と一体化しようとした。それが知識人のありようだった。

自然は内に感じるものである。

花は咲けば散るものである。

それらを「あはれ」と感じはしても、日本人に自然を克服しようとする意識はなかったのだ。

自然を征服することが不可能ならば、それを内に取り込んでしまったほうがいい。

そうした日本人が自然を対象化しようとしなかったのは当然のことであり、**自然科学はあくまで西洋からの輸入品**だったのだ。

ここまで理解した後、もう一度問題文に戻ってみよう。

「科学とは、私たち人間が自然を支配しようとする意志から生まれてきたものである。それはいわば、自分自身もとをたどれば自然の一部にすぎなかったはずの私たちが、みずからを自然からひき離し、自然の頭上に舞い上ってこれをはるか上方から支配し、操作しようとする傲慢な意志の産物であった」

人間がつくりあげた「自然」

問題は自然の正体が、合理性にあるのか、本質的に非合理なのか。

筆者はそれを「自然そのものには、すくなくともそれが人間の野心によって征服される以前においては、いわゆる『合理性』のひとかけらすら備わっていなかったのだ」と断言する。

人間は自然の中に存在する周期性と反復性に着目して、自然を捉えようとした。

「これらの周期性と反復性を一定の体系の枠の中に拾い集めて編み出したもの、それが『合理性』といわれる組織にほかならない」

そのとき、自然はまさに合理的に振るまっているように見えたのだ。

なぜなら、「自然は、みずからの姿にあわせて人間が仕立ててくれたこの囚衣をこばむはずがなかった。自然は人間の巧妙な檻穽（わな）にかかった」のだから。

では、なぜ自然の本質が非合理なのか。

筆者は、「第一、自然が存在するということ自体が非合理以外のなにものでもない」と断じる。この自然は様々な偶然が重なってできたものであるから、自然の本質は非合理に他ならないというわけである。

「この大いなる偶然性・非合理性こそは自然の真相であり、その本性である。それが人間の眼に見せている規則性や合理性は単なる表面的な仮構にすぎない」

このあたりが少し分かりにくいかもしれない。

そこで、もう一度対象化を思い出してほしい。

宇宙は永遠の時間と無限の空間とを持っているわけで、それを客観的に捉えるためには神の視点が必要だったのだ。神の目から見れば、宇宙はただ偶然に誕生し、偶然に膨張し、偶然に消滅していくわけで、そこにはどんな規則性も反復性も見られないのではないか。

芥子粒（けし）のような人間の視点から観察したから、自然は一見反復性と規則性を持っているように見えた。そして、その規則性や反復性という枠組みで自然を観察したとき、**ちっぽけな人間の眼からは自然がさもそのように振るまっているように見えたにすぎない**のではないか。

「そして、自然の上に合理性の網の目をはりめぐらせて、一応の安心感を抱いて、その上に文明という虚構を築きあげたのである」

これが文中での結論である。

自然の本性は非合理であり、それゆえ、合理性は虚構にすぎない。その合理性の下に構築された自然科学も虚構であって、その上で築き上げた文明もまた虚構だと、筆者は結論づけたのである。

何と痛快ではないか。

そして、何と過激なことだろう。

東大の現代文入試問題は何十年も前から、東大という絶対的な権威を求める受験生に、その足下を揺さぶってみせていたのだ。

問　「囚衣」とあるが、何の比喩(ひゆ)として使っているか、説明せよ。

解法

東大は比喩の問題が頻出である。

何を「囚衣」にたとえたのかというと、直前の「合理性といわれる組織」に他ならない。ただこれを抜き出すだけでは、「説明せよ」という設問要求を満たしたことにならない。

そこで、なぜ「合理性といわれる組織」が「囚衣」なのかを説明する必要がある。

比喩とは似たものに置きかえることである。

たとえば、「少女の頬はりんごのようだ」は、真っ赤な少女の頬と真っ赤なりんごの色が似ているから、この比喩は成立している。

そこで、「合理性」と「囚衣」の共通点を考えればいい。

「囚衣」とは囚人服のこと。囚人は無理矢理服を着せられているのだから、自然が人間によって無理矢理押しつけられた合理性と共通している。

解答

人間が周期性と反復性に着目して、無理矢理自然に与えたお仕着せの合理性という組織。

さらに深く学びたい人へ

木村敏は精神科医であり、京都大学名誉教授という、日本のアカデミズムの世界では最高峰の権威であるにもかかわらず、非常に大胆な世界観を次々と発表している。その独自の世界観は、日本のみならず、ヨーロッパなど国内外で注目を浴び、後進に与えた影響は計り知れない。

単に精神医学の分野だけでなく、後に河合文化教育研究所主任研究員に就任したことからも分かるように、文化全般にまで言及しているのである。

現代の学問の基盤にある考え方を知りたい方や、様々な角度から現代を捉え直したい方は、ぜひ一度、著書を手に取ってみてほしい。

＊『異常の構造』講談社現代新書
＊『時間と自己』中公新書

最初に手に取るならば、この二冊がおすすめである。

新書で手に入りやすいだけでなく、あくまで一般の人向けに書かれた本なので、それほど難解ではない。

また、木村敏の著作は、東大だけでなく他大学の入試問題として採用されることも多い。それは木村敏の思考が、現代社会において、いかに重要かを証明しているといえるだろう。

2005年度

第4問

背・背なか・背後

小池昌代（こいけまさよ）

Profile

一九五九年生まれ。詩人、小説家。東京都江東区出身。津田塾大学国際関係学科卒業。第一詩集『水の町から歩きだして』（思潮社）刊行以後、詩と小説を書き続ける。主な詩集に『永遠に来ないバス』（思潮社）、『もっとも官能的な部屋』『地上を渡る声』（書肆山田）、『コルカタ』（思潮社）など。その他、短篇集『タタド』（新潮文庫）、『弦と響』（光文社）など。

「背後」という世界

二〇〇〇年以降、東大の国語入試問題は、第一問と第四問が現代文、第二問が古文、第三問が漢文と例年決まっている。

その現代文の二題だが、第一問が文理共通で、非常に抽象度の高い硬質の評論が出題される傾向にある。

第四問は文系だけの出題。文系用の問題であるだけに、詩などの文芸論や感覚的な随筆が好んで出題される。

本文も、この第四問で、詩人であり小説家である小池昌代の随筆である。

東大の第四問は、言葉で説明できない奥深い何かを捉えようとした文章が多いのだが、それが入試問題である限り設問に答えなければならない。

文章の内容が感覚的なものであっても、それを言葉で論理的に説明しなければならないことが、東大らしいといえよう。最後の決め手となるのは、そういった論理的思考力なのだ。

問題文

待ち合わせ場所にすでに相手が到着していて、しかもそのひとが後ろ向きに立っていたような場合、一瞬、どんなふうに声をかけようかと、迷いながら背後からそのひとに近づいていく。

前からだったら、目と目があえば、それで済む。待った？　久しぶりね、さあ、行こう――会話は船のように自然と進む。

ヒトの無防備な背中を前にすると、なぜか言葉を失ってしまう。つきあってきたのは、どのひととも、彼らの正面ばかりのような気がして、心もとなく、背中を眺めやる。

そのひとが、くるっと後ろを振り向けば、ただちにわたしは、そのひとの世界に合流できるのに、後ろ姿は、閉ざされた扉だ。

そのままわたしが行きすぎれば、そのひととわたしは永遠に交わらないまま、これを最後に別れてしまうかもしれない。

待ち合わせの約束を、一方的に破棄するのだから、これは裏切りだが、出会うことは常におそろしい衝突でもあるから、衝突をさけて、ひとの背後を、ひたすら逃げ続けるという生き方もある。例えば、犯罪者か逃亡者のように。

そういう考えが、ひとの背を見ながら、わたしのなかにひょこっと現れる。そのことはわたしを、少し驚かす。わたしは何かを恐れている。

そもそも背中は、そのひとの無意識が、あふれているように感じられる場所である。だから、誰かの後ろ姿を見るとき、見てはならないものを見たようで、後ろめたい感じを覚えることもある。

背中の周りに広がっているのが、そのひとの「背後」と呼ばれる空間だ。自分の視線がまったく届かない、見えない後ろ半分のこと。わたしはこの空間になぜか惹かれる。見えない、というところに惹かれているのだろうか。

ひとは自分の背後の世界で、何が起きているのか、知り得ない。だから背後は、そのひとの後ろに広がっているのに、そのひとだけを、唯一、排除して広がっている。

背後という空間から、その人自身が排除されているといっても、それはひとと背後が、無関係であるということではない。振り返りさえすれば、いつでもひとは、自分の背後がそこにあることに気づく。もちろん、振り返ったのち一瞬にして、そこは背後ではなくなるわけだが、先ほどまで背後としてあった気配は、すぐには消えないで残っている。

　そのとき今度は正面であったところが、自分の背後と化している。しかし意識が及ぶのは、常に現前の世界で、背後のことは即座に忘れられる。視線の行くところが、意識の向くところだ。だから目を開けて、背後を考えるのは、開いている目を、ただの「穴」とすることに他ならない。その穴のなかを、虚しい風が通り抜けていく。背後を思うとき、自分が、がらんどうの頭蓋骨になったような気がする。

　ひとと話をしていて、話の途中で、そのひとの背後に、ふと視線が及ぶことがある。何かとても大切なことを話しているときに、後ろで、樹木がはげしく風に揺られていたり、夕日がまぶしく差し込んでいたり、鳥が落ちてきたり、滝が流れていたり、不吉な雲が流れていたりするのに目がとまる。

　不思議な感じがする。こちら側の世界と触れ合わない、もうひとつの世界が同時進行で存在している。そのことに気づくとおそろしくなる。背後とはまるで、彼岸のようではないか。

　そしてわたしが見ることができるのは、常に、他者の背後ばかりだ。見えるのが、いつも、ひとの死ばかりであるということと、これはまったく同じ構造。

　自分の死が見えないように、自分の背後は見えないし、そもそもわたしは、自分の後ろ側など、まるで考えもせずに暮らしている。見ることができないし、見る必要もないのだ。

　ただし、着物を着て、帯の具合を見たいときなど、あわせ鏡で確認することはある。このことを考えると、やっぱり鏡とは、魔境へひとを誘う道具であると思う。しかも、背後へは、この道具をダブルで使用しなければならないのだから、ひとが自分の背後へ到達することの、おそろしさと困難さがわかろうというものだ。

　ともかく、背後は死角である。

　死角を衝かれる時、ひとは驚く。わたしが冒頭に、後ろからどう、ひとに声をかけようか、と迷ったのも、相手をびっくりさせないためにはどうするのがいいのか、という思いもあった。

　そもそも身体に触れないで、声だけで、そのひとを振り向かせることはできるのだろうか。

　簡単なのは、名前を呼ぶことだ。こうしてみると、名前というのは、そのひとを呼び出す強力な呪文みたいなものである。

わたしは会話のなかで、対面するひとの名前を呼ばずして、そのひとと会話を進めることに、いつも居心地の悪い思いを持つ。あなたという二人称はあるけれども、固有名詞で呼びかけずにはいられない。相手のひとにも、名を呼んでほしい。

それはわたしが、何か強い結びつきで、この同じ場に、対話の相手を呼び出し、呼び出されたいと願うからなのだろう。

名前を呼ばずに、例えば、あのーお待たせしましたとか、小池でーす、こんにちは、とか、そういう類の言葉を投げかけて、そのひとが確実に振り向くかどうか。わたしにはほとんど自信がない。

だからそういうとき、やっぱり、相手の肩のあたりを、ぽんと軽く叩くかもしれない。あるいはわざわざ正面へ、まわるか。

背後の世界をくぐるとき、わたしたちは一瞬にしろ、言葉というものを、放棄しなければならないということなのだろうか。

出典：小池昌代『背・背なか・背後』（岩波書店『図書』二〇〇四年七月号所収）

解説

あなたは普段から自分の背中や背後の世界を意識しているだろうか？

この文章を読んでいるとき、受験生たちは極度の緊張の中で懸命に設問と格闘していたであろうから、自分の背後の世界を思いやる余裕などなかったのではないか（後ろの席の受験生がどんな答えを書いているかは気になったかもしれないが）。

やはり東大の現代文入試問題は面白い。

詩人は私たちがいつも眺めている風景を、別の角度から捉え直して、それを提示してくれる。

「無意識」があふれている場所

まず筆者は人との待ち合わせの場面を例に挙げる。

待ち合わせのとき、相手が後ろ向きで立っていたなら思わず戸惑ってしまう。なぜなら、その人が背中を見せているからだという。

では、背中とは何だろうか？

筆者は「そのひとの無意識が、あふれているように感じられる場所」だという。だから、「見てはならないものを見たようで、後ろめたい感じを覚える」というのだ。

確かに、相手の人は自分の背中を意識していない。まさに身体の中でもっとも無防備なのが背中ではないだろうか。

相手がもっとも無防備な背中を見るのは憚（はばか）られるし、それゆえ、相手が気づいていないときに、そっと背後から近づくことはどこか後ろめたい感じがするのだ。

背後という空間

筆者は次に背後という空間について述べている。

「背中の周りに広がっているのが、そのひとの『背後』と呼ばれる空間だ」とある。

筆者はそれに惹かれているのだが、なぜなら、**背後はその人の後ろに広がっているにもかかわらず、その人だけを排除しているから**だ。

相手にはその人の背後は見えているのに、当の本人だけがそれを見ることができない。

目が顔の上にある限り、人は自分の背後を見ることは不可能である。目と脳髄、そして言語は密接な関係がある。私たちは目で見て、それを意識して、ものを考えるわけで、それは言語によって表されることになる。

ところが、私たちの背後にはそれ以上に広大な無意識の領域が広がっているのである。

そこは、脳髄や言語とは関わり合いのない世界かもしれない。

よく背筋がぞっとするといったことがある。背中は無意識の領域と接していて、言語では説明できないその世界を第六感で捉えているのだろうか。

詩人である筆者は、だからこそ、背後の世界に惹かれているのだろう。「背後を思う」ときは、意識で捉えられない領域を、筆者は言語に頼らずに懸命に読み取ろうとしている。だが、その結果、「自分が、がらんどうの頭蓋骨になったような気がする」のだ。

「がらんどう」とは中身がないこと。**まさに自分の頭が骨だけとなった感覚的な表現だが、それだけ表現することに自分の無力さを感じるということ**だろう。

背後の空間を表現することは、視線が捉える領域を表現することよりも遥かに困難なことなのだ。

「背後」は死の世界と似ている

たとえば、私小説のように現実をリアルに描く小説がある一方、夢、つまり非現実や虚構を描く小説もある。

私個人でいえば、夢を描く小説に惹かれがちである。それは何も現実から逃避したいからではなく、逆に、意識では捉えられないが、でも、確実に存在しているその世界への興味からである。

人は**自分の背後を見ることができないが、その背後の世界は確実に存在している**のだ。そして、筆者はそれを「まるで、彼岸のようではないか」と指摘する。

彼岸とは、此岸（しがん）に対して、もともとは川の向こう側の意味である。宗教的にいえば、三途の川の向こう側、つまり、それは死の世界に他ならない。

私たちは視界で捉えることができる世界を意識し、それを言語で表現しているのだが、そのときでも背後の世界は同時に存在する。

1982年度

第 4 問

流れとよどみ
―哲学断章

おおもりしょうぞう
大森荘蔵

Profile

一九二一年生まれ。哲学者。日本の後進の哲学者たちに大きな影響を与える。一九六六年、東京大学教養学部教授に就任。その後、一九八二年に東京大学名誉教授、放送大学教授。一九九七年逝去。著書に『時間と自我』『時間と存在』『時は流れず』(以上、青土社)、『大森荘蔵著作集 全十巻』(岩波書店)などがある。

「本当の論理力」を問う

今回は、東大らしい入試問題である。

私たちは論理といえば、何か難解な堅苦しいイメージを抱きがちだが、哲学者大森荘蔵は論理とは同じことの繰り返しにすぎないと喝破（かっぱ）する。

論理ほど簡単なものはないのに、ほとんどの人はそれを使いこなそうとはしない。こんなにもったいないことはないのだ。実は、この考えは私の論理に対する考えと一致する。

この問題文を理解するだけで、ビジネスで威力を発揮する論理がつかめるはずである。「哲学者の書いていることと、ビジネスに関係があるの？」と思った読者も多いだろう。だが実は、社会で成功するための最大の決め手は、この論理力を手にできるか否かである。

さらに、筆者は、「天才になるコツ」まで教えてくれている。

東大は受験生たちに、まさにその受験本番で頭の使い方を教えてくれるのだから、非常に親切でありがたい大学である。

実は、難関大学ほど、論理力を問う問題を出題する。大学側が欲しいのは膨大な知識を詰め込まれてきた受験生ではなく、論理的にものを考えることができる受験生なのだ。

それなのに、多くの受験生はそれと正反対の勉強法を強いられ、自ら受験地獄に陥ってしまっている。

小学校の頃から塾通いをして、記憶や模写を強いられ、テクニックをたたき込まれてきた受験生に、今までの勉強の仕方を問い直す機会を与えてくれる、東大は本当に親切な大学である。そしてまた、これは詰め込みを強いる学校教育への東大からのメッセージでもあるだろう。

問題文

　われわれが「論理」と呼ぶものは、三歳の童子にでもできる若干の語の使い方を基礎にしている。「……でない」という否定詞、「……かまたは……」という撰言詞、「……でありまた……」という連言詞、「……はみんな」という総括の言葉、それに「何々は……である」の「である」、この五つの語がどのように使われるかを規則の形で書きあげたのが「論理学」なのである。もっともこれらの語の使い方は人によって多少違いがあるので標準的な使用法をまぎれのない形で設定することは必要である。その規則も至極単純なもので、例えば、「AでありまたB」ならば「Aである」、といった式のものである。しかしこういう単純な語の単純な使用規則を組み合わせると、われわれが「論理」といっているもののすべてがでてくるのである。〔中略〕

　だから「論理的である」、つまり「論理的に正しい」ということもこれらの規則の正しい組み合わせであるということにほかならない。だが、それはとにかくも言葉の使用規則の組み合わせなのだから、でてくるものもまた規則である。ということは、それらは事実についての情報を全然もっていないということである。六法全書をいくらひっくり返してみても誰がいつどこで誰の金を盗んだといった事実情報が全然でてこないのと同様である。［中略］事実的な情報がゼロだということを裏返せば、事実がどうあろうと、世界がどう動こうが正しい、ということである。それが論理学の普遍性とか必然性といわれるものである。何が何であろうと明日は雨か雨ではない、それはそうであろう。

同じことが「論理的な話の進め方」についてもいえる。こうこうである、だからこうなる、とか、かくかくである、なぜならこうこうであるから、といった話がもし論理的に正しいものであるのならそれは何がどうであれ正しいのである。事実はこうこうであろうがあるまいが、もしこうこうならば何であれこうなるのである。ではこのようにある前提なり理由なりからある帰結を引き出すのが「論理的に正しい」とはどういう場合なのか。それは先にあげた五つの言葉の使用規則の通りに従った場合である。［中略］

「ここのお菓子はみんなお前のだよ」と言っておいてその一つを私がつまむと子供は怒るだろう。私が規則違反をしたからである。［中略］「ここのお菓子はみんなお前のだ」と言うとき、それは「このお菓子はお前のもの」、「その隣のお菓子もお前のもの」、……といったことを言うことなのである。だからあらためて「このお菓子はお前のもの」と言うことは、もうすでに前に言ってしまったことを繰り返して言うことなのである。すでに一度述べたことをあらためて再度繰り返す、だから間違いっこはない、だから論理的に正しいのである。前提から帰結を正しく引き出すとは、五つの基本語の規則に従って前提ですでに述べたことを帰結で再度述べることなのである。［中略］もしも始めに言ったこと以上の情報を与えたならばそれは少なくとも論理的には正しくないはずである。だから同じことを繰り返す、つまり冗長であることが論理的であることなのである。

　このことはまた「理論的に説明する」ということにもあてはまる。何かを理論的に説明するとは、ある理論からその何かを論理的に引き出すことであろうからである。その説明が正しい説明であれば当然その何かはその理論を繰り返して言い直したものでなければならない。物体はみんな互いに引っぱり合う、この万有引力の理論は「みんな」という言葉の使い方によってすでに「このリンゴと地球とは引っぱり合う」ということを言ってしまっているのである。この万有引力の理論に「互いに引っぱり合う物体はみんな近づく」という運動理論を一緒にすればそのときはもう「枝から離れたリンゴは落ちる」ということを言ってしまっているのである。それゆえリンゴの落下を引力理論と運動理論とから説明するとは、前に理論で言ってしまったことを再度繰り返して言い直すことにほかならない。

もちろんだからといってこの説明の力なりニュートンの天才にいささかでもケチをつけることにはならない。リンゴの落下を月や地球の回転その他の運動と一緒にして「みんな」という一般性で見てとったこと、それが天才の眼なのである。振り子の動きを斜面を転がり落ち駆けあがる球の運動と一緒に「みんな」の一般性で見てとったのがガリレイの天才だったのと同じように。

出典：大森荘蔵『流れとよどみ――哲学断章』（産業図書、一九八一年、四二～四七頁）

＊出題時に省略された箇所は［中略］としました。

解説

論理とは何か？

筆者はこれをもっとも簡単に説明してくれる。

「われわれが『論理』と呼ぶものは、三歳の童子にでもできる若干の語の使い方を基礎にしている。『……でない』という否定詞、『……かまたは……』という撰言詞、『……でありまた……』という連言詞、『……はみんな』という総括の言葉、それに『何々は……である』の『である』、この五つの語がどのように使われるかを規則の形で書きあげたのが『論理学』なのである」と。

私たちは「論理学」というと、何か小難しいもの、頭が痛くなるものと敬遠しがちだが、実は三歳の子供にも分かる、**たった五つの言葉の使い方で、それを規則の形で書き上げたのが「論理学」**だというのである。

これなら私たちでも使いこなすことができるのではないか。

論理的に正しいということ

論理が五つの語の使い方で、論理学がそれらの語の使い方を規則の形で書き上げたものであるなら、「論理的に正しい」とはどういうことだろうか？

「だから『論理的である』、つまり『論理的に正しい』ということもこれらの規則の正しい組み合わせであるということにほかならない」

確かに、算数であっても、基本的には「イコール」の繰り返しで成り立っているから、論理的に正しいとなる。もし、計算の途中で、どこか一カ所でも「イコール」が成り立たなかったなら、論理的に正しくないということだ。

「だが、それはとにかくも言葉の使用規則の組み合わせなのだから、でてくるものもまた規則である。ということは、それらは事実についての情報を全然もっていないということである」

筆者は五つの基本語の規則と述べているが、私は論理に関して、たった三つの規則を重視している。

それが**「イコールの関係」「対立関係」「因果関係」**である。

これらはあくまで言葉の使い方の規則だから、この規則に従う限りはいつでもそれは論理的に正しいということができる。

この規則自体は事実についての情報を持っていないのだから、どんな事実であろうともいつでも正しいのである。

他者との関係における論理

数学や物理の世界では、相手が誰であろうといつでも正しいという論理性を重視している。筆者の考えも基本はそこから出発しているのだ。

それに対して、私が提唱する論理は、あくまで人間に対してのものである。

お互いにそう簡単には分かり合えない他者に対して、自分の考えや思いを筋道を立てて伝えようとするのが論理である。

活字化された文章は、もっとも他者意識の強いものである。筆者は不特定多数の読者に向けて文章を書くのであるから、その文章には必ず論理が貫かれている。

そこで文章を読むとき、論理を意識することで、論理力を獲得できる。

すると、他者に対して筋道を立てて話したり、筋の通った文章を書くことができるのだ。

自分の主張を相手に理解してもらおうとしたなら、たとえば、具体例を挙げたりする。自分の主張をAとし、具体例をA'としたなら、そこにはA＝A'という**「イコールの関係」**が成り立つ。

そのときに挙げた具体例が、自分の主張と「イコールの関係」にないときは、その文章は論理的でないものとなる。

たとえば、会話でも、話があっちに行ったり、こっちに行ったりして、今何の話をしていたのか分からなくなってしまうといった話し方をする人がいるが、もちろん、こういった人は論理的でない話し方をするということになる。

自分の主張をより明確にするために、対立するものを持ち出すことがある。これが**「対立関係」**だ。

たとえば、自社の商品の利点を人に説明するときに、他社の製品と比較する。現在の状況を説明するのに過去と比較するのも「対立関係」である。

さらに、「Aだから、B」という**「因果関係」**。

他者に対して筋道を立てるときは、この「イコールの関係」「対立関係」「因果関係」の三つの言葉の規則を駆使すれば、それだけで十分論理を使いこなすことができるのだ。

論理とはそんな簡単なことだったのかと、驚く人もいるかもしれない。ところが、「イコールの関係」は知っていても、大抵の人はそれを実際の場面で使いこなすことができないのである。

なぜなら、目の前の個々の現象にとらわれてしまって、それを「論理」という言葉の規則に従って理解しようとはしないからである。

そこで、あらゆる場面において、この三つの言葉の規則に従って考えるという訓練が必要になってくる。

詳細についてはまたの機会にするとして、大森荘蔵の論理の話に戻ろう。

論理はなぜ普遍的なのか？

論理はなぜ普遍性を持つのか？

それは事実に対しての情報を全く持っていないからである。

「六法全書をいくらひっくり返してみても誰がいつどこで誰の金を盗んだといった事

実情報が全然でてこないのと同様である。［中略］事実的な情報がゼロだということを裏返せば、事実がどうあろうと、世界がどう動こうが正しい、ということである。それが論理学の普遍性とか必然性といわれるものである。何が何であろうと明日は雨か雨ではない、それはそうであろう」

筆者は六法全書を例に挙げているが、法律は規則が書いてあるだけで、誰がいつ、どこで、いくら盗んだという事実が書かれているわけではない。

その規則（法律）に照らし合わせて、個々の事件に対する判決を下すのが裁判であって、法律自体に事実情報が含まれているわけではないと、筆者は指摘している。

事実がゼロだから、事実がどうであろうと正しい、これが論理の普遍性なのだ。

論理的な話の進め方

論理的に話したいと思っている人は多いと思う。

筆者はそれに対しても、今までと同じことを繰り返す。結局は、五つの言葉の規則に従ったときに、その話は論理的に進められたといえるのである。

「論理とは」「論理的な正しさ」「論理的な話の進め方」と、どれも結局は**五つの言葉**

の規則に従ったときに成り立つわけで、筆者の論の展開の仕方も当然同じことの繰り返しになるのである。

次は、「論理的な話の進め方」の具体例である。これは具体例である限り、「論理的な話の進め方」は、五つの規則を使うだけだと、すでに読まなくても分かっている。分かりやすい例なので、少し長いが引用しよう。

「『ここのお菓子はみんなお前のだよ』と言っておいてその一つを私がつまむと子供は怒るだろう。私が規則違反をしたからである。〔中略〕『ここのお菓子はみんなお前のだ』と言うとき、それは『このお菓子はお前のもの』、『その隣のお菓子もお前のもの』、……といったことを言うことなのである。だからあらためて『このお菓子はお前のもの』と言うことは、もうすでに前に言ってしまったことを繰り返して言うことなのである。すでに一度述べたことをあらためて再度繰り返す、だから間違いっこはない、だから論理的に正しいのである」

これは私が先ほど指摘した「イコールの関係」である。

A「ここのお菓子はみんなお前のもの」＝A’「このお菓子はお前のもの」「その隣のお菓子もお前のもの」

このように論理的な文章は、**筆者の主張（一般的表現・抽象）は、次に具体例など（具体的表現）を挙げて繰り返されることになるし、具体例から入った文章は、必ずそのどこかで一般化される**ことになる。そこが筆者の主張である。

Aから始まった文章は次にA'が提示されるし、A'から始まった文章は必ずどこかでAが提示されることになる。

このように論理を意識した文章の読み方をすることで、自ずと論理的な頭の使い方が習慣化されるのである。

「理論的に説明する」とはどういうことか

筆者の主張（A）が「論理とは五つの言葉の規則に従って同じことを繰り返すこと」だとすれば、次に「理論的に説明する」とはどういうことかも、私たちは読まなくてもすでに分かっている。

さらに、「理論的に説明する」をAとするなら、次にその証拠となる具体例（A'）が提示されることもすでに分かっていることだ。

なぜなら、**この文章が理論的に説明されたものである限り、「みんな」という規則**

を使って同じことが繰り返されるからである。

これが私が考える「イコールの関係」である。

筆者は「理論的に説明する」の例として、万有引力の法則を挙げている。

なぜニュートンは万有引力の法則を発見したか

ニュートンにはリンゴが木から落ちるのを見て万有引力の法則を発見したという有名なエピソードが残っている。

真偽のほどはともかく、「論理」を理解するためには格好のエピソードである。

リンゴが木から落ちるというのを、表現を変えれば、リンゴと地面が引っ張り合っているとなる。このとき、ニュートンははっと閃いたのだろう。

鉛筆を机に落としたなら、机と鉛筆が引っ張り合うと言い換えることができる。

そのとき、「みんな」という言葉の規則を使ったら、

A’　リンゴと地面が引っ張り合っている（具体）

A’　鉛筆と机が引っ張り合っている（具体）

ゆえに、

A　すべてのものとものとが引っ張り合っている（抽象）

となって、万有引力の法則が出来上がったのである。ニュートンの世紀の発見も、何ということない、「みんな」という三つの子供でも分かる言葉の規則を使っただけなのである。

これがA’（具体）↓A（抽象）という「イコールの関係」である。

ところで、私たちは今この瞬間、果たして太陽の周りを回っているのだろうか？

それをどうやって実感できるのだろうか？

今度は、A↓A’という言葉の規則を使えばいいのである。

すべてのものとものとが引っ張り合っている（A）

ゆえに、

地球と太陽も引っ張り合っている（A’）

すると、太陽のほうが圧倒的に重いのだから、地球は太陽の周囲を回ることになる。

このように論理を駆使することで、**私たちは目に見えない世界も、実感できないことでも論理的に知ることができる**のだ。

ニュートンが天才である理由

リンゴが木から落ちることは、幼い子供でも体験的に知っている。ニュートンは、それに「みんな」という言葉の規則を使っただけなのである。

つまり、すでに正しいと分かっていることを繰り返しただけだから、それは理論的に正しかったのである。

では、ニュートンは天才か？

筆者は「リンゴの落下を月や地球の回転その他の運動と一緒にして『みんな』という一般性で見てとったこと、それが天才の眼なのである」と指摘する。

逆にいうと、私たち一般人は、だれも**「リンゴの落下」や「月や地球の回転その他の運動」を、「みんな」という言葉の規則で見ることをしなかった**ということである。

なぜなら、リンゴが木から落ちること、地球や月の回転運動などを、現象面でしか捉えていなかったからである。

ニュートンが登場するまで、地球上の誰一人として、それらの現象を「みんな」という規則で考えなかった、これは私にとっては驚くべきことのように思える。

裏を返せば、私たち一般人であっても、これらの規則を使いこなすことができたら、ニュートンのような世紀の大発見が可能かもしれない。

それが論理の力なのである。

問　「それが天才の眼なのである」とあるが、筆者は「天才の眼」をどういうものと見ているのか、説明せよ。

解法

まず「それ」の指示内容をつかまえなければならない。

「リンゴの落下を月や地球の回転その他の運動と一緒にして『みんな』という一般性で見てとったこと」

これが「それ」の指示内容。「それが天才の眼」とあるので、このことがどうして「天才の眼」なのかを説明する必要がある。

「眼」とはこの場合ものの捉え方のこと。天才のものの捉え方を説明するためには、我々凡人のものの捉え方を考えればいい。

これが「対立関係」なのだ。

このように問題を論理的に考えなければならないし、答案を作成するときもそれを論理的に説明しなければならない。

私たちはリンゴの落下も、月や地球の回転も、それぞれ別個の現象として捉えてしまうから、万有引力の法則を発見することができなかったのだ。

それをニュートンだけが「みんな」という一般性で見て取り、しかも、それを法則化したから天才だといえるのである。

解答

個々の具体的な現象にとらわれることなく、その中で共通な性質を見つけ出し、それを一般化して、普遍的な法則にまでする能力を持つもの。

さらに深く学びたい人へ

大森荘蔵は非常にユニークな視点で世界を捉えている哲学者である。抽象的な思考の訓練をする、あるいは、柔軟な思考訓練をするには、彼の著作を読むことが非常に効果的だといえる。

常識という垢にまみれてしまった人は、ぜひ一冊手に取ってみてほしい。『大森荘蔵セレクション』という本が「平凡社ライブラリー」で刊行されているので、おすすめである。

私の上の世代は、いわゆる「団塊の世代」と呼ばれていた。彼らはカール・マルクスや吉本隆明など、難解な文献を読みこなし、すぐに難しい言葉を振りかざして議論をふっかけてきた。

私はもっと分かりやすい言葉で話したらいいのにと、彼らとの議論を遠ざけていたが、振り返ると、あれはあれで論理力を鍛える訓練になっていたのではと思うことがある。

最近の若い人たちは、本当の意味での「議論」をすることが少なくなっている印象を受ける。音楽、ゲーム、漫画、アニメと、それはそれで結構なのだが、いったいどこで論理力を鍛えるのだろうかと思ってしまう。

もちろん「マルクスが高尚でアニメは低俗」などと言うつもりは毛頭ないが、たまには背伸びをして、難解な言葉を振りかざした議論をするのもいい頭の体操になる。

また、頭を鍛えるには、小林秀雄『考えるヒント』(文春文庫)がおすすめである。大学入試を経験した読者には覚えがあるかもしれないが、小林秀雄の文章も、現代文入試問題では頻出である。

2008年度

第 1 問

反歴史論

宇野邦一（うのくにいち）

Profile

一九四八年生まれ。哲学者、批評家。専攻は現代フランス文学・思想。京都大学文学部仏文学科を卒業。その後、パリ第八大学においてフランス文学研究科で修士論文、哲学科でアントナン・アルトーについての博士論文を提出、博士号を取得。立教大学現代心理学部名誉教授。著書に『吉本隆明 煉獄の作法』（みすず書房）、『ドゥルーズ 流動の哲学』（講談社選書メチエ）など。

証言というのは、実に主観的なものである。時には虚言も混じっている可能性がある。だから、証言があるからといって、証言そのままのことがあったともならないのである。

まさに歴史はそういった不確定で曖昧な領域の中に横たわっている。

さらに歴史には厄介な問題がある。

「歴史は、ある国、ある社会の代表的な価値観によって中心化され、その国あるいは社会の成員の自己像（アイデンティティ）を構成するような役割をになってきたからである。歴史とは、そのような自己像をめぐる戦い、言葉とイメージの闘争の歴史でもあった」

古事記や日本書紀は、出雲王朝を滅ぼした大和王権が、自己を正当化するために編纂（へんさん）させたという説がある。真偽は定かではないが、**史料があるからといって、決してそれが歴史的真実ということはできないのである。**

そんな遠くの時代のことでなくても、戦前は軍国主義という歴史観によって、すべての歴史は書きかえられたのだし、戦後はまたアメリカからもたらされた新しい歴史観によって書きかえられた。

私たちが信じ込んでいる近代という歴史も、当時勝者であった薩長の歴史観によって書きかえられたものだし、織豊時代の歴史も徳川幕府の歴史観によって書きかえられたものである。

歴史とはそうやって絶えず書きかえられ続けてきた。それを現代の視点から修正することはもはや困難な作業といえるだろう。

歴史に規定される「私」

「量的に歴史をはるかに上回る記憶のひろがりの中にあって、歴史は局限され、一定の中心にむけて等質化された記憶の束にすぎない。歴史は人間だけのものだが、記憶の方は、人間の歴史をはるかに上回るひろがりと深さをもっている」

歴史を記憶されたものと規定したとき、記憶は人間の歴史よりも遥かに広がりを持つ。たとえば、遺伝子は生命の誕生から人間の誕生まで、人間の歴史よりも遥かに長い時間を記憶している。筆者は歴史をそのような広義の意味で捉え直そうとしている。

そのとき、**「歴史は、さまざまな形で個人の生を決定してきた」**といえる。

たとえば、言語でも、制度でも、慣習でも、長い歴史の果てに育まれたものである。

「私の身体、思考、私の感情、欲望さえも、歴史に決定されている。人間であること、この場所、この瞬間に生まれ、存在すること、あるいは死ぬことが、ことごとく歴史の限定（信仰をもつ人々はそれを神の決定とみなすことであろう）であり、歴史の効果、作用であるといえる」

とあるように、私がここにあることは、すべてが歴史の結果であり、それゆえ、私は歴史によって規定されているのである。

「歴史」との向き合い方

歴史とは**自分以外の人間、つまり、無限ともいえる他者のつながりから生み出されるもの**である。

たとえば、民主主義という制度一つとっても、それが生み出されるまでにどれほどの時間を費やし、どれほどの血を流してきただろうか。

ご飯を食べること一つとってみても、稲作の歴史、箸の文化の歴史、電子ジャーや茶碗の歴史と、今ここにあるすべてが歴史のたまものだといえる。

「にもかかわらず、そのようなすべての決定から、私は自由になろうとする」

私たちは自分の意志でこれからの未来を切りひらかなければならない。だが、その歴史から完全に自由になることはできないのだ。

「歴史とは、無数の他者の行為、力、声、思考、夢想の痕跡にほかならない。それらとともにあることの喜びであり、苦しみであり、重さなのである」

と、問題文は筆者のこのような歴史への考察で結ばれている。

問　筆者は「それらとともにあることの喜びであり、苦しみであり、重さなのである。」と歴史について述べているが、どういうことか、一〇〇字以上一二〇字以内で説明せよ。

解法

まず傍線部の指示語「それら」の指示内容を押さえなければならない。もちろん、直前の「無数の他者の行為、力、声、思考、夢想の痕跡」が指示内容だが、あとは、それらとともにあることの「喜び」「苦しみ」「重さ」をそれぞれ具体的に説明すればいい。


「喜び」とは、自分が歴史に支えられ、今ここにあること。

「苦しみ」とは、自分が歴史に規定され、生を決定されること。

「重さ」とは、自分が歴史の中で育まれ、そして、その自分も次の世界へとつなげていく責任があること。

解答

歴史は無数の他者の行為、力、声、思考、夢想の痕跡なのだが、自分がそれらに支えられて、今ここにあることが喜びであり、それらに生を規定されていることが苦しみであり、自分もまたそれらを次の世代へと引き継ぐ責任があることが重みであること。（一一五字）

補講

さらに深く学びたい人へ

私たちは学校で歴史を学習してきたのだが、それは疑いようのない真実として一方的に与えられてきたものだし、私たちもそれを疑うことなく記憶事項として取り入れてきたのかもしれない。

そうした受験生に対して、東大現代文は揺さぶりをかけようとする。

あなたが東大に合格するためにひたすら詰め込んできた歴史的事実なんて、実は何の根拠もない、曖昧で、いつ変更を余儀なくされるかもしれない、不確定なものにすぎないんだよ、と。

そうしたメッセージを真正面に受け取る余裕なんて、当の受験生にあるはずはないけれど、私にはそこが特に面白いように感じられる。

むしろ東大のそうしたメッセージは、私たち社会人にこそ有効なのではないか。

この問題文が収録されている宇野邦一氏の『反歴史論』は、二〇〇三年にせりか書房から刊行された。最近の著作としては、二〇一一年に亡くなった日本思想界の巨人、吉本隆明氏について書かれた『吉本隆明　煉獄の作法』（みすず書房）がある。

現代思想に関心のある読者にとっては、フランスの哲学者ジル・ドゥルーズの翻訳書や研究書を執筆されていることで、宇野邦一氏は馴染み深いかもしれない。ドゥルーズの著作は難解であるが、重要な思想家なので、これを機会に挑戦してもらいたい。

新しい歴史観のもとに歴史を語ったものとしては、半藤一利『幕末史』（新潮文庫）、『昭和史』（平凡社ライブラリー）がおすすめである。文庫本になっているので入手しやすいだろう。

あるいは、私たちの常識的な歴史観をひっくり返すものとしては、加治将一『幕末　維新の暗号』（祥伝社文庫）を読んでみるのも一興である。

COLUMN

私が論理力を手にした日

私はすべての日本人に論理力を身につけてもらいたい。

それが私の使命だと心得ているが、それは私自身が論理力によって人生を激変させたからである。

感覚的な人間であった私は、大学院の頃に予備校のアルバイトで現代文を教えることになった。

手渡されたテキストは過去の入試問題を集めただけのもので、あとは旺文社の『全国大学入試問題正解』の解答をコピーしたものだけである。

何をどう教えていいのかも分からず、しかも、解答も出版社が作成したもので、それが正しいという保証はない（現代文は複数の出版社の解答がまちまちであることなど、ざらなのだ）。

あるとき、私はふと思った。

たとえ目の前の入試問題をどれだけ完璧に説明したところで、実際に同じ文章、同じ設問が出題されるわけではない。それにいったいどんな意味があるのだろう、と。

それから私は頭を帰納的に動かし始めた。

帰納とは、具体（A'）→抽象（A）という「イコールの関係」である。

一つ一つの問題文や設問はどれも異なるのだが、その中の共通点を抜き取り、それを法則化したのだ。

まさに表面的な現象にとらわれることなく、その中の共通性を読み取っていくニュートンの眼である。

次に、その法則に照らし合わせて、現代文の問題を解き、それを論理的に説明した。それを続けていくうちに、気がつくと教室には生徒が溢れかえっていたのだ。

ニュートンの眼がもたらしたのは、私を単に現代文の人気講師にしたことだけではなかった。文章を論理的に読み、それを論理的に説明することで、私の頭脳が変化したのだ。

文章の読み方が変わると同時に、論理的な話し方、論理的な考え方、そして、論理的な文章の書き方に変わった。

まさに論理力が私の人生だけでなく、私そのものを変えたのである。

第2章

現代の問題系を理解する4問

1998年度

第1問

問われる「身体」の生命

西谷修(にしたにおさむ)

Profile

一九五〇年生まれ。専攻はフランス文学・思想。東京大学法学部卒業。東京都立大学大学院フランス文学科修士課程修了、その後パリ第八大学で学ぶ。明治学院大学教授などを経て、東京外国語大学大学院総合国際学研究院教授。『戦争論』(講談社学術文庫)『理性の探究』『世界史の臨界』(岩波書店)など著書多数。

生命倫理と臓器移植

今日的な問題として、臓器移植がある。臓器移植を可能にするためには、脳死判定が必要となる。なぜなら、移植ができるのは、生きた臓器に限るからだ。

脳が機能を停止しても、しばらくは医学の力で心臓を動かし続けることができる。そこで、脳死を人の死とすることで、生きた臓器を取り出すことができるのだ。だが、そこには何ともいえない不気味な現実が横たわっている。果たしてそれは、道徳的に、宗教的に許されることなのか。医学がそこまで人の生死に介入していいものなのか。

この問題文は、一九九二年一月二十八日の朝日新聞に掲載された。書かれてからゆうに三十年近くが経過している。この間、二〇〇九年に臓器移植法が改正され、脳死を「人の死」とみなすようになり、家族の同意があれば脳死の人からの臓器提供が可能になった。そんな今日だからこそ、改めて読む価値のある内容である。東大は道徳観、宗教観、死生観、倫理観など、人間の根源的な問題を受験生に投げかけている。

問題文

ふつう死は、心臓が停止して血流がとだえ、それに続く全身の生命活動の停止として起こる。ところが脳が先に機能停止におちいることがある。この場合、中枢神経をまとめる脳の死によって全身もやがて死ぬことになるが、人工呼吸器の力でしばらくの間は（そして現在ではかなり長期にわたって）脳死状態の身体を「生かして」おくことができる。つまり死を抑止するテクノロジーの介入によって、生を手放しながらなお死を中断された、ある種の中間的身体が作り出されるのである。

脳死が心臓死と決定的に違うのは、死が全身に及ぶプロセスや、そのタイム・ラグのためではなく、このきわめて現代的な「死」が、上に述べた「中間的身体」を生み出すからである。脳の機能を失ったこの身体は、もはや人格としての発想をいっさい欠いて、いわば誰でもない身体として横たわっている。

脳死が、現在の医学水準に照らして死の不可逆的な進行を示すものであるなら、それは臓器摘出の違法性を阻却する目安とはなりうるだろう。だがそのことと、脳死を「人の死」と規定することとはまったく違う問題である。脳死をめぐる現在の論議の中で問われているのは、実は脳死と心臓死といずれが厳密な意味で「人の死」かとい

問題文

環境問題を取り上げる場合、環境を保護することの妥当性はしばしば自明のこととして前提されている。しかし、「環境の保護」が何を意味するかはそれほど明らかではない。これを唱える人々のすべてがこの表現によって同じことを意味しているわけでもない。そして、このような問題においては、表現における微妙な意味の差異が実践上の重大な差異になりうる。

その上、この問題の論議にあたっては、保護されるべき対象として、「環境」だけではなく、「自然」と「生態系」がよく挙げられる。この三者がほとんど同一の意味で用いられることはあるにしても、これら相互間にはニュアンスの違いがあり、場合によってはその違いが重要になる。これらの概念について簡単な分析を試みよう。

まず自然は、近代の自然科学的な見方からいえば、それ自体としては価値や目的を含まず、因果的・機械論的に把握される世界である。人間ももちろん自然の一部分であるから、人為と自然の対立はない。人間が自然にどのような人為を加えても、それは自然に反するものではなく、人間による自然破壊というようなことはありえないであろう。自然のある状態とかある段階に特に価値があるとする理由もない。すべての事象は等しく自然的である。

だから、「自然を守れ」というスローガンに実質的意味を与えるためには、このような広義の自然の内部において人為だけを特別のものとして位置づけ、この人為による改変をどれだけ受けているかによって自然の価値評価をすることが必要である。これのもっとも極端な立場によれば、人為的改変をまったく受けない自然が最善であるということになろう。このような立場の承認は、人類の文明の歴史を堕落または退化の過程とみなすことをともなう。しかし、いうまでもなく、例外的な状況を除けば、人間は自然に人為を加えることなしには生存できない。人跡未踏の原野や原生林を保存する努力が貴重であるのは、それが局地的なものにとどまるからである。このような努力を自然全体に及ぼすことは不可能に近く、万一それが実現するならば、大部分の人間は生存できないであろう。人間の生存を可能にするのは、ある程度の人為の加わった自然である。だから、人類が自らの生存を否定するのでないかぎりは、人間の守るべき自然は、手つかずの自然ではなく、人為が加えられて人間が生存しやすくなった自然であるということになる。

自然は、以上に見てきたように元来は没価値的な概念であり、人間との関連づけによって初めて守るべき価値を付与されると考えられる。では、生態系という概念についてはどうであろうか。

生態系（エコシステム）はごく単純には、「ある地域に生息する生物群集と、その生物群集に影響を与える気象、土壌、地形などの非生物的環境を包括した系」と定義される。そして、「食物連鎖が平衡状態に保たれていれば、生物群集の個体数もほぼ変わらず、そのエコシステムは安定している。しかし、人為によりエコシステムに過度の干渉が行われると、生物種を絶滅させたり、さらには生物が生存できないような環境を作り出してしまう」。また、一般に生物種が少ない生態系ほど生態学的安定度が低いから、生物種の多様性を保つことが重要であるとされる。

この生態系の概念には、機械論的に把握された自然の概念とは違って、価値が含まれており、この価値が倫理規範を根拠づける、という考え方がある。生態系は生物共同体であり、その安定が乱されるならば、多くの種の存続が脅かされる。だから、共同体の構成員としての人間にはこの安定を維持するよう努める義務がある、というのである。アルド・レオポルドによれば、生物共同体の統合、安定、美を保つ傾向にあるものは正しく、反対の傾向にあるものは不正である。このような、生態系または生物共同体の概念からの倫理規範の導出は妥当であろうか。

この点に関連して第一に注意すべきは、生物共同体が人間だけを構成員とする道徳共同体と重要なところで異なっていることである。生物共同体を構成する他の生物たちには権利や義務の意識はない。だから、いずれかの種が生態系の安定を乱すとしても、そのことについてその種の責任を問うことはできない。人間という種は、生態系を他の種よりも大きく乱す可能性をもつという点で特異であろうが、それについて反省し責任を感ずる能力を有するという点でも特異である。

第二に、生態系の安定によって守られるのは種であって、種に属する個体ではない。種の存続のためにしばしば個の犠牲が要求される。生態系を形づくっているのは種のレベルで巨視的に見れば共存関係であるにしても、個のレベルではほとんどが弱肉強食の関係である。生態系の安定と平衡は、構成員の平和的共存によってではなく、弱肉強食を主体とする食物連鎖によって成立しているのである。だから、生態系の中で人間がどう生きるべきかを指示する倫理が、人間の共同体における倫理との類比によって簡単に導出されるわけではない。個人の生命の尊重という人間社会の倫理を動物の個体に適用することが、かえってその動物種の破滅を招くというようなことも起こりうるのである。

以上の考察は、生態系そのものに価値があるということを必ずしも含意しない。生態系の概念には、機械論的に把握された自然の概念よりも豊かな内容が含まれているといえるであろう。しかし、それに価値が内在しており、その価値が生態系を守るべしという人間の義務を根拠づけている、と断定するのは難しい。その理由の一つは、生態系の安定が望ましいとされるが、その安定した状態がただ一つではなく多くありうる、ということにある。ある生態系における甲という安定が乱されても、やがては乙という新しい安定が生じるであろう。その場合、甲のほうが乙よりも望ましいとする根拠はない。また、生態系の安定にとって、一般的には生物種の多様性が望ましいとされる。だが、比較的少数の生物種から構成される生態系もあり、これが多数の生物種から成る生態系よりも価値において劣ると断定する理由もない。だから、生態系そのものにとっては、ある安定の状態に特に価値があるという判断は成立しない。しかし、人間にとってはそうではない。どのような安定でもよいのではなく、自らが快適に生存できる安定の状態こそが貴重である。だから、人間が「生態系を守れ」と叫ぶときの生態系とは、実は人間の生存にとって好都合な、生態系の特定の状態にほかならないのである。

環境という概念は、自然や生態系とは異なり、ある主体を前提する。いうまでもなく、いま問われているのは人間という主体にとっての環境である。保護されるべきは人間が健康に生存することができる環境である。だから、環境保護は第一義的に人間のためのものである。

以上の考察が正しいとするならば、「地球を救え」とか「自然にやさしく」といった環境保護運動のスローガンは不適切であることになる。このような表現は、人類が自らのためではなく地球や自然のために利他的に努力する、というニュアンスを含むからである。人類が滅びても、地球や自然はなんらかの形で存続しうるであろう。われわれが守らなければならないのは、人類の生存を可能にしている地球環境条件である。だから、われわれの努力を根本的に動機づけるのは人類の利己主義であり、そのことの自覚がまず必要である。

出典：加茂直樹『社会哲学の現代的展開』（世界思想社、一九九九年、九五〜九九頁）

［注］○アルド・レオポルド――Aldo Leopold（一八八七―一九四八）。アメリカの生態学者。

解説

非常に論理的な文章である。

筆者の立てた筋道をあるがまま追うことで、文中の結論にたどり着くことができる。

環境とは何か

環境問題を論じるにあたって、その「環境」とは何か、何を保護すべきなのかを明らかにするために、筆者は混同されがちな「自然」「生態系」「環境」という概念を分析する。

まず自然とは何か？

自然は、**「それ自体としては価値や目的を含まず、因果的・機械論的に把握される世界」**である。

もちろん、人間も自然の一部である。だから、本来、「自然を守れ」というスローガンは成り立たない。なぜなら、このスローガンは、人間と自然とを区別し、その人間が自然を守らなければならないというものだからである。

「自然」という概念には価値は含まれない。

機械文明が高度に発達した現在、私たちは「自然」に絶対的な価値をおきがちだが、自然そのものが価値を含んでいるわけではない。

自然はあくまでも自然的に存在するのであって、それに価値を付与しようとするのは人間の側である。

第一、本来の手つかずの自然の中では、人間は生存することさえ許されない。弱肉強食の生存競争において、人間が文明という武器を持つことがなかったなら、おそらく生きのびることさえ難しかっただろう。

「人間の生存を可能にするのは、ある程度の人為の加わった自然である。だから、人類が自らの生存を否定するのでないかぎりは、人間の守るべき自然は、手つかずの自然ではなく、人為が加えられて人間が生存しやすくなった自然であるということになる」

自然自体は没価値的な概念であるが、私たちが「自然を守れ」と言うときの「自然」は、人間の都合の良いように加工された、飼い慣らされた自然なのである。

たとえば、都会では野良犬はすべて保健所に連れて行かれるし、毒蛇や毒蜘蛛でも出ようものならば、大騒ぎになる。私たちが自然と呼んでいるのは、人間に従順な、害のない自然、つまり、去勢されてしまった自然にすぎない。

人間にとって価値ある「自然」

では、「生態系」という概念はどうか？

生態系の定義は、**「ある地域に生息する生物群集と、その生物群集に影響を与える気象、土壌、地形などの非生物的環境を包括した系」**とされる。

筆者はまずこうした生態系は一見価値を含んでいるように思われるとする。

その理由として、「生態系を維持するためには食物連鎖の平衡状態を保たなければならず、さらには生物種の多様性を保つべきだという考え」を挙げる。

だから、生物共同体としての人間は、生態系の安定を維持するように努める義務があるというのだ。

だが、筆者はこうした考えをふまえた上で、やはり生態系という概念も、自然という概念と同じく、それ自体に価値は含んでいないと断じる。

第一に、生態系の安定が望ましいと思うのは人間の側であって、一つの生態系が安定を乱されれば、やがては新しい安定が生じるだろう。

さらに、比較的少数の生物種から構成される生態系が　多数の生物種から構成される生態系よりも価値がないと断じることはできない。

これらはすべて**生態系ではなく、人間の都合からの判断**なのである。

つまり、「自然」も「生態系」もそれ自体に価値は含んでいない。もし、価値があるとすれば、すべて人間にとっての価値なのである。

人間という「特異な存在」

考えてみれば、人間ほど不思議な生き物はいない。

道具をまだ持たない原始状態の人間は、弱肉強食の生存競争において、食う側か食われる側か、果たしてどちらだったのだろうと、時折思うことがある。

食う側に生まれついているにしては、獲物を倒すための牙も爪もなければ、闘争に耐える頑丈な皮膚もない。

食われる側にしては、逃げるための手段として、空を飛ぶことも穴を掘ることもできず、中途半端な体の大きさでは身を隠すこともままならない。

それでも現在のように繁栄するにいたったのである。

つまり、人間だけが食う側でも食われる側でもない、自然状態の中で特殊な存在だと言える。

人間はことの初めから道具という武器を持った、自然的でない存在だったのではないか。

筆者も同様に、人間だけが他の生物と異なる、特殊な存在であると指摘する。

人間は生態系を他の種よりも大きく乱す可能性を持った存在であること。

しかも、そのことに反省し、責任を感じる能力があること。

人間は自然の一部であるが、自然的ではないのである。

第一、弱肉強食の自然界は個体の生命を犠牲にすることで初めて成り立っている。

個人の生命の尊重という人間倫理を自然に持ち込んだら、生態系そのものが成り立たなくなってしまう。

「環境保護」の本質

このように「自然」「生態系」という概念はそれ自体何の価値も持たない。

それに価値を付与するのは、あくまで人間なのである。

そこで、筆者は次に「環境」という概念を持ち出す。

「環境」とは、人間にとって快適でなければならないという価値を含んでいる。

「自然を守る」のも、「生態系を維持する」のも、人間にとって快適な環境を守るためなのである。

確かに、自然を守るには人間そのものを排除しなければならないし、生態系を維持するには個人の生命の尊重などは不可能である。

私たちが「自然を守れ」と言うときは、あくまで人間に好都合な環境を守れということに他ならない。

「地球を救え」「自然にやさしく」といった環境保護運動のスローガンは不適切だと、筆者は指摘する。

そこには人間よりも地球のためにという利他的なニュアンスが含まれるからである。

筆者はあくまで人間にとって快適な環境を守れと主張する。

人間はそのために反省もし、責任も取ろうとする唯一の存在だからである。

人間が滅んでも地球は存続する。

でも、それでは何の意味もない。

我々が守らなければならないのは、人間が存続するための地球環境条件なのである。

環境保護運動は、人間の利己主義から生まれたものであることをまず自覚する必要があるのだ。

問　「われわれの努力を根本的に動機づけるのは人類の利己主義であり、そのことの自覚がまず必要である。」と筆者が述べるのはなぜか、この文章の論旨をふまえて、一〇〇字以上一二〇字以内で述べよ。

解法

設問を読むと、二つの点を押さえなければならないことが分かる。

一つは、文章の論旨。

二つ目は、傍線部の理由。

文章の論旨は、守らなければならないのは、没価値的な自然や生態系ではなく、人間のための環境であること。そして、このことを傍線部では「利己主義であり、そのことの自覚がまず必要である」と述べている。

二つ目は、環境保護運動が利己主義であるという自覚が必要な理由である。

直前で「自然にやさしく」という環境保護運動のスローガンが、利他的なニュアンスを帯びていることに対して、実はそれは人間のために必要なのだという自覚をすることで、運動自体の方向性が明確になり、間違った方向に行かないとしている。

解答

「地球を救え」「自然にやさしく」と言う場合、真に守るべきものは没価値的な自然や生態系ではなく、人間の生存に必要な環境である。そのことを自覚することで、利他的に流れがちな環境保護運動が間違った方向に行かなくなるから。(一〇七字)

補講

さらに深く学びたい人へ

近代は生産主義をスローガンに、いかに多くの物を生産するかに奔走し、有効性や効率を重視してきた。

ところが、人間が真に生産できる物など何一つない。農業や牧畜業、養殖業ですら、人間が無から生み出したのではなく、すでにあるものを育て、収穫したにすぎない。物を生産するには原材料とエネルギーが必要だが、ともに自然が生み出したものである。

大量生産をしようとするなら、膨大なエネルギーを必要とする。自然が何億年もかけて生み出したエネルギーを燃焼させ、自然を変形することが物を生産することであり、生産主義が成功すればするほど自然破壊が大きくなるのは自明の理なのである。

もう一つ、環境問題で押さえておかなければならないことがある。

有機という言葉がある。無機の対義語である。有機とは様々な要素が複雑に絡み合い、それが調和を保っている状態をいう。生命体は基本的に有機的存在である。

石は無機物であり、粉々に砕いたところで小石になるだけであるが、たとえば、人間の体はそうはいかない。脳、心臓などの内臓、筋肉と皮膚、血液とリンパ液など、人間の体は様々な要素から成り立っていて、それが絶えず調和を保っているから、有機体なのである。それをばらばらにしたなら、死体となってしまう。

脳細胞の一部が破壊されただけで、体全体の調和が崩され、死に至ることがあるのは、人間の体が有機的にできているからに他ならない。

自然環境もまさに有機的なあり方をしているのだ。

人間だけでなく、光、空気、水、動物、植物、微生物など、様々な要素が環境全体を造り、それらが絶えず調和を保っている。

それなのに、人間は自分たちの都合で、自然の一部を破壊する。ところが、そのために自然全体の調和が崩され、思ってもみなかった現象が起こることがあるのだ。

そこに環境問題の本質がある。

2010年度

第1問

ポスト・プライバシー

阪本俊生（さかもととしお）

Profile

一九五八年生まれ。南山大学経済学部教授、博士（人間科学）。専攻は理論社会学。

著書に『ポスト・プライバシー』（青弓社）『プライバシーのドラマトゥルギー―フィクション・秘密・個人の神話』（世界思想社）などがある。

自己とプライバシー

近代とは世界中に西洋的価値観を押しつけようとした時代で、それは民主主義、生産主義、科学至上主義、合理主義などである。

そして、過度に近代化が進んだ現在、それゆえ様々な場面で危機が生じている。環境問題、核問題などは、その象徴である。

近代の終焉をどのように乗り越えるか、ポストモダンが大きなテーマとなっているが、東大入試現代文の問題はそのことに絡んでの出題が頻出である。それはすなわち、現代社会において、極めて重要なテーマであることと同義である。

だが、今回の問題文は、ポストモダンというよりは、むしろウルトラモダンといったほうがいいように思える。つまり、近代化が極限まで進んだ結果、その象徴である様々な問題が根本的なところで変質を遂げているのだ。

問題文

個人の本質はその内面にあると見なす私たちの心への（あるいは内面への）信仰は、私生活を重要視し、個人の内面の矛盾からも内面を推し量ろうと試みてきた。もちろん、このような解釈様式そのものは近代以前からあったかもしれない。しかし、近代ほど内面の人格的な質が重要な意味をもち、個人の社会的位置づけや評価に大きな影響力をもって作用したことはなかっただろう。個人の内面が、社会的重要性をもってその社会的自己と結び付けられるようになるとき、内面のプライバシーが求められるようになったのである。

プライバシー意識が、内面を中心として形成されてきたのは、この時代の個人の自己の解釈様式に対応しているからだ。つまり、個人を知る鍵はその内面にこそある。たしかに自己の所在が内面であるとされているあいだは、プライバシーもまた、そこが拠点になるだろう。社会的自己の本質が、個人のうちにあると想定されているような社会文化圏では、プライバシーのための防壁は、私生活領域、親密な人間関係、身体、心などといった、個人それ自体の周囲をとりまくようにして形づくられる。つまり、個人の内面を中心にして、同心円状に広がるプライバシーは、人間の自己の核心は内面にあるとする文化的イメージ、そしてこのイメージにあわせて形成される社会システムに対応したものである。

個人の自己が、その内面からコントロールされてつくられるという考え方は、自分の私生活の領域や身体のケア、感情の発露、あるいは自分の社会的・文化的イメージにふさわしくないと思われる表現を、他人の目から隠しておきたいと思う従来のプライバシー意識と深くかかわっている。このような考え方のもとでは、個人のアイデンティティも信用度も本人自身の問題であり、鍵はすべてその内面にあるとされるからである。

これは個人の自己の統一性というイデオロギーに符合する。自己は個人の内面によって統括され、個人はそれを一元的に管理することになる。このような主体形成では、個人は自分自身の行為や表現の矛盾、あるいは過去と現在との矛盾に対し、罪悪感を抱かされることになる。というのも自分自身のイメージやアイデンティティを守ることとは、ひたすら個人自らの責任であり、個人が意識的におこなっていることだからだ。このとき個人の私生活での行動と公にしている自己表現との食い違いや矛盾は、他人に見せてはならないものとなり、もしそれが暴露されれば個人のイメージは傷つき、そのアイデンティティや社会的信用もダメージを受ける。

ただしこのような自己のコントロールは、他人との駆け引きや戦略というよりは、道徳的な性格のものであり、個人が自らの社会向けの自己を維持するためのものである。だからこのことに関する個人の隠蔽（いんぺい）や食い違いには他人も寛容であり、それを許容して見て見ぬふりをしたり、あるいはしばしば協力的にさえなる。アーヴィング・ゴフマンはこうした近代人の慣習を、いわゆる個人の体面やメンツへの儀礼的な配慮として分析し、その一部をウェスティンなどのプライバシー論が、個人のプライバシーへの配慮（reserve）や思いやりとしてとらえた。

だが人びとは、他人のプライバシーに配慮を示す一方で、その人に悪意がはたらくときには、その行為の矛盾や非一貫性を欺瞞ととらえて攻撃することもできる。たとえばそれが商業的に利用されると、私生活スキャンダルの報道も生まれてくるのだ。

しかし、もし個人の内面の役割が縮小し始めるならば、プライバシーのあり方も変わってくるだろう。情報化が進むと、個人を知るのに、必ずしもその人の内面を見る必要はない、という考えも生まれてくる。たとえば、個人にまつわる履歴のデータさえわかれば十分だろう。その方が手軽で手っ取り早くその個人の知りたい側面を知ることができるとなれば、個人情報を通じてその人を知るというやり方が相対的にも多く用いられるようになる。場合によっては知られる側も、その方がありがたいと思うかもしれない。自分自身を評価するのに、他人の主観が入り交じった内面への評価などよりも個人情報による評価の方が、より客観的で公平だという見方もありうるのだ。だとすれば、たとえ自己の情報を提供し、管理を受け入れなければならないとしても、そのメリットはある。

「人に話せない心の秘密も、身体に秘められた経験も、いまでは情報に吸収され、情報として定義される」とウィリアム・ボガードはいう。私たちの私生活の行動パターンだけではなく、趣味や好み、適性までもが情報化され、分析されていく。「魅惑的な秘密の空間としてのプライヴァシーは、かつてはあったとしても、もはや存在しない」。ボガードのこの印象的な言葉は、現に起こっているプライバシーの拠点の移行に対応している。個人の身体の周りや皮膚の内側とその私生活のなかにあったプライバシーは、いまでは個人情報へと変換され、個人を分析するデータとなり、情報システムのなかで用いられる。ボガードはいう。「観察装置が、秘密のもつ魅惑を観察社会のなかではぎとってしまった」。そして「スクリーンは、人々を「見張る」のでも、プライヴァシーに「侵入する」のでもなく、しだいにスクリーンそのものがプライヴァシーになりつつある」と。

スクリーンとは、ジョージ・オーウェルの小説『一九八四年』に登場するあのスクリーン、すなわち人びとのありとあらゆる生活を監視するテレスクリーンのことである。この小説では、人びとは絶えずテレスクリーンによって監視されていることが、プライバシーの問題になっていた。しかし今日の情報化社会では、プライバシーは監視される人びとの側にあるのではなく、むしろ監視スクリーンの方にある。つまり個人の内面や心の秘密をとりまく私生活よりも、それを管理する情報システムこそがプライバシー保護の対象となりつつある。

「今日のプライヴァシーは、管理と同様、ネットワークのなかにある」とボガードはいう。だからプライバシーの終焉は妄想であると。だが、それでもある種のプライバシーは終わった。ここに見られるのは、プライバシーと呼ばれるものの中身や性格の大きな転換である。「今日、プライヴァシーと関係があるのは、「人格」や「個人」や「自己」、あるいは閉じた空間とか、一人にしてもらうこととかではなく、情報化された人格や、ヴァーチャルな領域」なのである。そして、情報化された人格とは、ここでいうデータ・ダブルのことである。

出典：阪本俊生『ポスト・プライバシー』（青弓社、二〇〇九年、一〇八～一一二頁）

［注］○アーヴィング・ゴフマン――Erving Goffman（一九二二～八二）アメリカで活躍したカナダ人の社会学者。

○ウェスティン――Alan F.Westin（一九二九～）アメリカの公法・政治学者。

○ウィリアム・ボガード――William Bogard（一九五〇～）アメリカの社会学者。

○ジョージ・オーウェルの小説『一九八四年』――イギリスの小説家 George Orwell（一九〇三～五〇）が著した「Nineteen Eighty-Four」（一九四九年発表）。

解説

よく私たちはプライバシーの侵害といった言葉を口にする。

プライバシーは守られるのが当然といわんばかりである。ましてや、今は情報化時代。いつ何時プライバシーがネット上で人目にさらされるか分かったものではない。実際、タレントはいつ何時人に見られているか分からないし、お洒落なレストランでお食事ならまだしも、夫婦げんかの場面、ゴミ捨ての場面など、携帯のカメラで簡単に撮られてしまい、すぐにブログなどにアップされる。

コンビニで販売されている袋入りの雑誌やネットでは、素人の若い女性の裸の写真が氾濫している。今や高性能のデジカメで写真を撮られているのだが、彼女たちはその怖さをどこまで認識しているのだろうか？

コンビニや飲食店のアルバイト店員が、ツイッターに写真をアップしたことがきっかけで炎上したことがあったが、これも「プライバシー」という概念に対する意識が希薄なためだろう。

デジカメで撮られた写真はコピー可能なのである。いったん撮られた裸の写真は、ネットにアップされた瞬間、見知らぬ誰かがそれをコピーし、またそのコピーを誰かがコピーするといったように、無限に増殖していく可能性があるのである。

いったんネットにアップされた写真は永遠の命を持ち、しかも、無限に増殖されていく、グロテスクなモンスターなのだ。そして、彼女たちが自分の家庭を持ったとき、予告なしに突然目の前に立ち現れてくるかもしれない。

そんな時代に、プライバシーとはどんな意味があるのだろう。

では、筆者が現代のプライバシーの問題をどのように論じているのか、問題文を読んでいこう。

江戸時代に「プライバシー」はなかった？

プライバシーは近代が生み出したものである。江戸時代までは、基本的にはプライバシーは天皇や主君などの一部の権力者だけに限られたものだった。

「個人の本質はその内面にあると見なす私たちの心への（あるいは内面への）信仰は、私生活を重要視し、個人の内面の矛盾からも内面を推し量ろうと試みてきた。もちろん、このような解釈様式そのものは近代以前からあったかもしれない。しかし、近代ほど内面の人格的な質が重要な意味をもち、個人の社会的位置づけや評価に大きな影響力をもって作用したことはなかっただろう。個人の内面が、社会的重要性をもってその社会的自己と結び付けられるようになるとき、内面のプライバシーが求められるようになったのである」

このあたりの経緯は「補講　さらに深く学びたい人へ」で詳述するが、江戸時代までは個人と集団とが密接な関係を保っていた。藩や家といった集団から個人を分離したのが近代で、そこから個人の内面を重視するプライバシーの意識が生み出される。

そういった意味では、**プライバシーもまた近代的**なのである。

個人の内面とプライバシー

プライバシーの本質が個人の内面にあるという今までの考え方を覚えておいてほしい。

人間関係も、私生活も、身体的な秘密も、個人の内面と深く関わっていると考えられているから、プライバシーとして防御されなくてはならないのである。

「個人の自己が、その内面からコントロールされてつくられるという考え方は、自分の私生活の領域や身体のケア、感情の発露、あるいは自分の社会的・文化的イメージにふさわしくないと思われる表現を、他人の目から隠しておきたいと思う従来のプライバシー意識と深くかかわっている。このような考え方のもとでは、個人のアイデンティティも信用度も本人自身の問題であり、鍵はすべてその内面にあるとされるからである」

ここでアイデンティティという言葉に注意したい。アイデンティティとは、**個人の自己の統一性**という意味である。

個人は個人の責任においてその内面を統一しなければならないという考えがそこにある。

たとえば、自己の言葉と行動が矛盾していたり、過去の言動と今の言動が異なっていたりしたとき、その責任の所在は個人にあることになる。

「このとき個人の私生活での行動と公にしている自己表現との食い違いや矛盾は、他人に見せてはならないものとなり、もしそれが暴露されれば個人のイメージは傷つき、そのアイデンティティや社会的信用もダメージを受ける」

ここからプライバシーが生まれてくる。

人々はこうしたプライバシーを配慮する一方、その人に悪意が働くときは、その行為の矛盾などを攻撃することもできる。たとえば、政治家や芸能人の私生活スキャンダル報道がそれだ。

ここまでが近代が生み出したプライバシーである。

ところが、今やこのプライバシーのあり方そのものが大きく変質してきたのだ。

ここから、「対立関係」を意識して読んでいかなければならない。**「今までのプライバシー」と「情報化時代のプライバシー」**である。

情報化時代のプライバシー

現代は情報化時代。

多くの人がブログを書き、ＳＮＳを楽しみ、自分の情報を発信している。

初対面の人と名刺を交換したなら、その日のうちに相手のフェイスブックをチェックするようになった。

すると、相手の情報が一目で分かる。その人の発信している文章から、思想や考え方、趣味や交友関係まで分かってしまう。

時代は変わったのである。

「しかし、もし個人の内面の役割が縮小し始めるならば、プライバシーのあり方も変わってくるだろう。情報化が進むと、個人を知るのに、必ずしもその人の内面を見る必要はない、という考えも生まれてくる。たとえば、個人にまつわる履歴のデータさえわかれば十分だろう。その方が手軽で手っ取り早くその個人の知りたい側面を知ることができるとなれば、個人情報を通じてその人を知るというやり方が相対的にも多く用いられるようになる」

ここで押さえておかなければならないことは、**今までのプライバシーが個人の内面であったのに対して、情報化時代のプライバシーは外部に露呈された履歴だということ**である。

常に「監視」されている世界

筆者はウィリアム・ボガードを引用する。「観察装置が、秘密のもつ魅惑を観察社会のなかではぎとってしまった」と。観察装置とは巨大なスクリーンのことである。「スクリーンとは、ジョージ・オーウェルの小説『一九八四年』に登場するあのスクリーン、すなわち人びとのありとあらゆる生活を監視するテレスクリーンのことである」

ブログ、フェイスブック、ツイッター、ミクシィと、そのスクリーン上には我々の膨大な情報が蓄積されている。そして、その情報はいつ流出するかも分からない。

「しかし今日の情報化社会では、プライバシーは監視される人びとの側にあるのではなく、むしろ監視スクリーンの方にある。つまり個人の内面や心の秘密をとりまく私生活よりも、それを管理する情報システムこそがプライバシー保護の対象となりつつある」

何と不気味な現代のありようだろう。

近代が信じた、**個人の人格とは個人の内面にあるという考え方が、今や外面の履歴に取って代わられ、その履歴は巨大なスクリーン上で絶えず監視されている**のである。

いや、すでに支配されているといったほうがいいかもしれない。だから、それらを管理する情報システムこそ、プライバシーの保護の対象にしなければならないのだ。

「『今日、プライヴァシーと関係があるのは、「人格」や「個人」や「自己」、あるいは閉じた空間とか、一人にしてもらうこととかではなく、情報化された人格や、ヴァーチャルな領域』なのである。そして、情報化された人格とは、ここでいうデータ・ダブルのことである」

これがここでの筆者の結論である。

これが後に『天安門』という作品へと結実する。

同時代の場所としての中国大陸の感触を日本語の小説で描いた作家に、上海に渡っていた武田泰淳や、満州に渡っていた安部公房がいる。

「私小説はおろか小説そのものからもっとも遠く離れた、すぐれて『公』の場所、十億単位の人を巻き込んだ歴史の場所で、その歴史に接触して崩壊した家族の記憶が頭の中で響いている。そうした一人の歩行者のストーリーを、どのように維持して、書けるのか」

「すぐれて『公』の場所」とは、天安門のことである。その事件に接触して崩壊した家族の物語を、作者は書こうとしたのだ。

北京でそう考えたとき、母国語の英語はストーリーの中の記憶の一部と化していた。そして、北京から東京にもどって、二つの大陸のことばで聞いた声を、次々と思い出し、『天安門』という小説を書き始めたのである。

「二つの大陸の声を甦らせようとしているうちに、外から眺めていた『Japanese literature』すら記憶に変り、世界がすべて今の、日本語に混じる世界となった。」と、作者は最後に結んでいる。

問　「世界がすべて今の、日本語に混じる世界となった。」とあるが、どういうことか、文中に述べられている筆者の体験に即し、一〇〇字以上一二〇字以内で述べよ。

解法

まず設問条件を頭に置こう。「筆者の体験に即し」とあるので、天安門広場で中国語と英語の二つの言語が記憶の中で響く主人公を構想したことを書かなければならない。

傍線部の「日本語に混じる世界」とは、日本語で小説が書けるようになったということ。さらに傍線部直前を検討すると、「二つの大陸の声を甦らせようとしているうちに」とある。このときの「二つの大陸の声」とは、英語と中国語のこと。その結果、どうなったかというと、まず母国語である英語もストーリーの記憶の一部となったとある。「『Japanese literature』すら記憶に変り」とあることから、筆者にとっての「外国文学」であった日本文学は過去のものとなり、日本語で世界を表現できるようになったということだ。

解答

天安門広場で中国語と英語の二つの言語が記憶の中で響く主人公を構想し、天安門事件で崩壊した家族の物語を書こうとしたとき、母国語の英語も記憶の一部となり、日本文学も過去のものとなって、日本語で世界を表現できるようになったこと。（一一一字）

さらに深く学びたい人へ

初めて筆者の作品に触れるのであれば、おすすめはやはりデビュー作『星条旗の聞こえない部屋』（講談社文芸文庫）だ。今ほど他国の文化に許容がない時代の新宿を舞台に、アメリカ人外交官の息子として生まれた青年ベンが自身の居場所を求める様は、ある種の青春小説ともいえる。

「異文化」や「異言語」にその身を投じることで生まれた文学を「越境文学」という。「言語とアイデンティティ」というテーマに関心を持った読者には、この「越境文学」を読んでみることをおすすめする。

まず初めに、リービ英雄の対談集『越境の声』（岩波書店）、ドイツ語と日本語の2カ国語で小説を書く作家・多和田葉子のエッセイ『エクソフォニー――母語の外へ出る旅』（岩波現代文庫）などを読んでみるのがいいだろう。

私たちは特に意識することもなく「グローバル化」などと口にしているが、果たして「グローバル化」とは何なのか、改めて考えるきっかけになると思う。

人が産まれたときの脳の重さはおよそ350gだという。それが成長するにつれてしだいに発達していくのだが、まだ350gしかないときに、親から教えられた言語が「母国語」となり、その後からいくら努力しようとも、第二言語はその母国語の能力の範囲を超えることはないという。

つまり、母国語は単なる情報伝達の手段ではなく、人の思考のあり方や感性と密接に結びついたものであり、アイデンティティを形成する最も重要な要素だといえよう。

それゆえ、母国語は人の精神性と深く関わっている。

日本の近代文学は翻訳から出発したのであり、それも含めて言語と文学の問題は私たちの前に投げ出された大きな課題である。

COLUMN

東大入試と京大入試

東大と京大の現代文入試問題の共通点は、どちらも（基本的に）字数制限がなく、解答用紙はマス目ではなく、大きな空欄となっている点である。細かい字数調整よりも、「ポイントさえつかみ、それを正確な日本語で書けばいい」という姿勢の表れだろう。ただし、文中の言葉を抜き出し、それをつなげるだけで正解となるような甘い問題は出題されない。

相違点としては、東大の空欄が比較的小さいのに対して、京大の空欄はかなり大きい。一つの設問において、京大の方が倍以上の記述量といえるだろう。だが、字数が少ないほうが簡単かというと必ずしもそうではない。

東大では、ポイントを的確につかみ、簡潔に表現することが要求されるが、京大では省略部分や説明不足の箇所を補って丁寧に表現することが要求される。

選定された文章には、やはり両大学の好みがはっきりと表れている。東大は抽象度の高い、哲学的な文章、文学者の随想でも現代の作家のものが選ばれるが、京大は小説を出題することもあり、しかも、森鷗外、夏目漱石、永井荷風など、現代作家よりも文豪の文章が好んで出題される。

東大が漢文を出題するのに対して、京大が漢文を出題しないのも、大きな特色である。

その他の大学で特色ある問題を出題しているのは、やはり慶應義塾大学であろう。他大学でマークセンス方式中心の出題が多くなってきているのに対して、慶應は小論文を出題する。

慶應の小論文は基本的に長文を課題文として読ませ、それについて、自分の主張を論証するというパターンである。時には、様々なグラフや図をデータとして与え、それを使って自分の主張を論証させるものも出題される。

まさに論理的な読解力や思考力、記述力を試す問題である。

近年の慶應大学のめざましい躍進は、この入試問題に一因があるのではないだろうか。

第3章

芸術と文化の見方を学ぶ3問

1987年度

第1問

美しきもの見し人は

堀田善衞（ほったよしえ）

Profile

一九一八年生まれ。小説家、評論家。慶應義塾大学フランス文学科卒。戦後、執筆を開始し、五一年朝鮮戦争勃発直後の新聞社を舞台に知識人の不安を描いた『広場の孤独』（新潮文庫）で芥川賞を受賞。七〇年代以降、画家ゴヤに取り組んで日本とスペインを往復し、七七年伝記『ゴヤ』（集英社文庫）を完成して大佛次郎賞を受賞。一九九八年逝去。

西洋の美、日本の美

この文章で文学者堀田善衞が語る、「われわれの内なる自然」とは何だろう。「本来の自分」という意味よりももっと深い、何か根源的な意味で使っているように思える。「自然」の対義語は「人工」「人為」だが、人間の手がまだ入らない原始状態の自然は「野生」という言葉が別にあるのだから、それとも異なるようである。

自分の心の奥深くにある、根源的な自己ということだろうが、私たちは子供の頃から教育や習慣、世間体、常識などにより、「内なる自然」を見失っているばかりか、社会生活を送る上で自分を押し殺して暮らしている。

周囲に付着した塵埃（じんあい）のような世間の捉え方をすべて破棄したなら、いったいどんな自分の顔が現れてくるのだろうか。

作者が述べているのは、「われわれの内なる自然」なので、問題は日本人として当然であるところの、他の民族とは異なる日本的なものということなのだが、西洋の文学、芸術を志す日本人たちは等しく「内なる自然」とどう折り合いをつけるのか、その問題に長い間苦悶してきたのである。

東大が芸術論や身体論を繰り返し出題していると言ったら、意外に思われる方も多いだろう。

実は東大現代文は、頭でっかちで、ただ詰め込んだ知識だけで問題を処理する人間では理解できない問題を、突きつけてくるのである。

それが芸術であり、身体の問題なのだ。特に、身体は時折私たちの脳髄を裏切ってみせる。そういった理屈では捉えきれない人間の実存を深く見つめた文章こそ、東大現代文が好むところなのである。

ただし、それを論理的に理解し、論理的に説明する能力を問われるのが、東大現代文らしいところではあるが。

問題文

ヨーロッパの美に近づいて行くについて、私は、自分で考えてみて、ヨーロッパの正統とされるものに比べてはいかにも異端的な道をたどったものだと思う。元来、ヴァレリイの言うヨーロッパ、それを構成する三つの主柱、すなわち、ギリシャ、キリスト教、科学精神といったものの、このどれ一つをとってみても、なみの日本人としての生活感情を生まなままで、それをもったままで近づいて行って、ごく自然にこの三つのものの、どれ一つとして自然にわれわれのなかへ入って来てくれるというものではない、と思われるのである。ギリシャ、キリスト教、科学精神――これらのものに近づくについては、われわれとしては、われわれの内なる自然なもののうちの、何か一つを、またはいくつかのものを殺してかかるか、またはどこかへ押しこめたり目をつぶったりしてかからなければならぬ、と思う。

正直に言って、誰しも何等かの無理をしなければならないのである。つまり、勉強、ということがどうしてもともなう。そうして、この無理と努力の報酬としての感動がある、というかたちになっていることが大部分の例であろうと思われる。もし仕合せにも、正統に、感動が先立ってくれたとしても、その後の始末には、どうしても勉強ということがともなわざるをえないであろう。精神のどの部分かをねじ曲げ、あるいはねじ曲げられることが感動である、といった例さえ稀ではない筈である。そのことをよいとかわるいとかと言っているのではない。非西欧地域の西欧観、あるいは近代化というものにともなう、それは避けて通ることの出来なかった道なのであった。

その逆もまた真である。私の知人の、モスクワのある女性は、英仏語は公式の通訳をつとめるほどに熟達してい、しかも専門はインド文学で、ヒンディ語及びペルシャ系のウルドゥ語にも精通しているひとであるが、この専門家も、インド音楽にだけは、どうしても我慢が出来ない、と私に告白したことがあった。ということは、キリスト教の寺院建築に典型的にあらわれている、あの中心へ向う意志というもののない、つまり中心志向の構造をもたなくて、寺院建築同様の構造をもつ西洋古典音楽との対比の上でこれを言えば、いわば無限に連続し持続し、かっちりとした開始点と終止点とをもたないかに思われる東方の音楽が、彼女にはどうにもなじめないわけである。またスペインのフラメンコ音楽がどうにも不愉快でならぬというスイスの娘も私は知っている。

私としてはそういう彼女らに、半分がたは同感し、同情できるように思った。ここで半分がたは、という曖昧（あいまい）なことばを使ったのは、こういうことは量であらわすことのできないことであり、幼時を墨絵や書を眺め、琴や三味線などの東方の音楽のなかで育ち、その後は西方のそれを見、聴いてすごして来た自分というものの姿が、彼女らとの会話の間に現前して来ていた、と感じたからである。

　だからここで、柄にもないということばを絵に描いたような、まったく柄にもない美術についての私的な感想を書いて行くについて、私の努力は、なるべく努力をしない、勉強をしない、ということに注がれることになる。それがどこまで出来ることであるかは私にもわからないが、異質の美に接して、無理と努力、勉強をできるだけしないで、出来るだけ、最大限に自分の自然を保って見て行きたいと思う。いかなる巨匠の、いかなる圧倒的な傑作と世に称されるものであろうとも、それが自分の自然にとって滑稽と思われたら、それを滑稽と言う自然を保って行きたいし、つもりとしてはそうして来たつもりでもあった。ヨーロッパの正統だけが、ヨーロッパを視るについての正統である筈がないからである。むかし歌舞伎の羽左衛門がヨーロッパへ行って「なんだ、どれもこれもみな耶蘇（ヤソ）じゃねえか……」と言ったという、そういう心持を私としても保って行きたい。

出典：堀田善衞『美しきもの見し人は』（新潮文庫、一九八三年、七一～七三頁）

［注］○羽左衛門――十五世市村羽左衛門。歌舞伎俳優。明治七年（一八七四）～昭和二十年（一九四五）。

解説

学生時代、サイデンステッカー訳の川端康成『千羽鶴』を読んだとき、一人の青年がお茶会に出かけるシーンに驚いた記憶がある。

「お茶会」はティー・セレモニー。セレモニーという訳語は茶会の厳粛な雰囲気をよく表しているが、西洋人がティーと聞いて、果たしてあのお茶をイメージできるだろうか。

青年の出で立ちは袴と下駄履き。それはスカートとサンダル。

一人の青年がスカートにサンダルを履いて、ティー・セレモニーに出かけた。西洋人はこれを読んで、いったいどんなイメージを持っただろうか？

だが、日本人には、一人の青年が袴に下駄履きで茶会に出かけたということは、特に悩むこともなく自然と分かってしまうのである。

それほど**日本的なるものと、西洋的なるものは根本的に異なっている**のだ。

日本は明治になって、その異質な西洋的なるものを無理にでも飲み込まなければならなかった。特に、西洋の音楽や美術、近代小説を志した人たちは、自分の心の奥深くで引き裂かれるような疼(うず)きを感じたに違いない。

ギリシャ・キリスト教・科学精神

筆者は西洋を構成する三つの柱を、「ギリシャ・キリスト教・科学精神」としているが、確かにこの三つは日本人の精神構造と根本を異にしている。

ギリシャとは、ギリシャ哲学のことだろう。西洋では、知識人として誰もが身につけなければならない教養が哲学なのだ。それに対して、日本人にとって哲学は何か高尚な、特別な人だけが興味を抱く敷居の高いものだったのではないか。明治の頃、知識人が好んだのはむしろ鷗外や漱石などの近代文学だった。

キリスト教も一部の人を除いて、日本人には理解しがたいものであった。キリスト教は、神と人との絶対的な距離が前提となる。創造主である神と、創造物である人間との絶対的な距離のもと、イエスを介在に「許し」が初めて語られる。

ところが、日本人には神との絶対的距離の感覚がない。菅原道真が神となったり、死んだら「お陀仏」と、仏様になる。そうした民族に、キリスト教の精神は理解しがたいものだった。

自然科学もすでに述べたように、自然を対象化することから第一歩を踏み出した。距離を置いて観察するから、自然の反復性、規則性を発見し、それに合理性という網をかぶせることができたのだ。

日本では、吉田兼好も、鴨長明も、知識人であるほど己を捨て、自然といかに一体化できるかと苦闘した。

このように私たち日本人にとって、西洋的なるものの三つの柱のどれもがどうしても受け入れがたい異物だったのだ。

だが、西洋の音楽、芸術、文学を学び、これに従事する人は、何が何でもこれらの異物を飲み込まざるを得なかったのだ。

私たちはこうした西洋の精神構造を理解することなく、表面的な西洋を、西洋の結果だけを何の躊躇（ちゅうちょ）もなく受け入れてきたのかもしれない。

だが、西洋の音楽、芸術、文学に本気で取り組もうとした人たちは、**心の奥底で引き裂かれたり、ときには「内なる自然」を押し殺さざるを得なかった**のだ。

文学者堀田善衞も、その一人だった。

「西洋の美」に近づく代償

冒頭、筆者は「ヨーロッパの美に近づいて行くについて」と述べているが、日本人である筆者が西洋の美を理解することについての随筆であることを、まずは頭にとどめておかなければならない。

「ギリシャ、キリスト教、科学精神——これらのものに近づくについては、われわれとしては、われわれの内なる自然なもののうちの、何か一つを、またはいくつかのものを殺してかかるか、またはどこかへ押しこめたり目をつぶったりしてかからなければならぬ、と思う」

筆者は、そのことを「誰しも何等かの無理をしなければならないのである」と述べている。西洋の美を理解するためには、西洋の精神構造を理解するという、つまり、「勉強」ということが必要になってくる。ところが、**その勉強の報酬と引き替えに、私たちは自分たちの「内なる自然」を押し殺さなければならない。**「この無理と努力の報酬としての感動がある」のだ。

そして、それは避けては通ることのできなかった道だったのである。

中心志向の構造

逆の立場の例として、作者はインド文学の専門家であるが、インド音楽が理解できないモスクワの女性を挙げている。

西洋の建築も音楽も中心があり、それを軸に全体が構成されている。

クラシック音楽も初めがあり、盛り上がりがあり、最後にフィニッシュと論理的構成を持っているし、賛美歌もしかりである。

それと比べて、たとえば、念仏や祝詞（のりと）はどうだろう。始めから終わりまで中心がなくて、単調な同じリズムが続くだけである。

日本のもともとの建築の構造も同じである。

純和風の家を想起してほしい。部屋と部屋とが集まって全体を作っているのだが、そこには中心的志向が欠けている。どの部屋も大きさが異なるだけで、そこに布団を敷けば寝室になり、卓袱台（ちゃぶだい）を置けば居間となる。一つの部屋は仕切りや屏風（びょうぶ）で二つに分けられたり、ふすまを外せば二部屋が一つの部屋となる。

つまり、部屋の目的も確定せず、領域も曖昧なまま、その時々で自在に変化する。

それと比べて、純粋な洋風建築は、一つ一つの部屋の壁は頑丈に作られ、施錠することができる。そして、居間にはソファー、寝室にはベッド、台所には調理台と家具が固定され、それを自在に動かすことができない。

私たちはあらかじめ固定された領域で、決められた使用の仕方をするしかない。設計図を描くときも、まず全体の領域があり、そこから一部屋一部屋区切っていくのであって、平安時代の寝殿造りで見られるような、部屋と部屋が集まって全体を構成するといった構造とは根本的に異なっている。

平安時代の文学も、一つ一つの小さな塊が独立して、それが集まって全体を作るといったものが好まれていたように思う。

「万葉集」「古今集」「新古今集」などがそれであり、さらに、「土佐日記」「蜻蛉(かげろう)日記」「更級(さらしな)日記」などの日記もの、「枕草子」「徒然草」「方丈記」などの随筆も、すべてが同じ構造を持っている。

それほど、西洋的なるものと日本的なるものとは異なっているのだ。

「内なる自然」と正面から向き合う

作者は、西洋の美を享受するにあたって、「私の努力は、なるべく努力をしない、勉強をしない、ということに注がれることになる。それがどこまで出来ることであるかは私にもわからないが、異質の美に接して、無理と努力、勉強をできるだけしないで、出来るだけ、最大限に自分の自然を保って見て行きたいと思う」と結論づける。

たとえ、**西洋の美がどれほど圧倒的であっても、自分の中には「内なる自然」があり、それに素直に従っていきたい**と、作者は述べる。

「ヨーロッパの正統だけが、ヨーロッパを視るについての正統である筈がないからである」

とあるが、確かに私たちの中には日本人としての「内なる自然」があり、それともっと正面から向き合ってもいいのではないか。

作者は最後に、その例として、歌舞伎の市村羽左衛門の例を挙げている。

問　「そういう心持」とは、どういうことか、説明せよ。

解法

まず指示語「そういう」が何を指しているのかをつかまえると、直前の「むかし歌舞伎の羽左衛門がヨーロッパへ行って『なんだ、どれもこれもみな耶蘇じゃねえか……』と言った」心持ちだと分かる。

もちろん、「私」が保っておきたい心持ちなので、これを一般的な表現に変えて、説明しなければならない。

①自分の内なる自然を大切にすること

②ヨーロッパの美が素晴らしいと称されるものでも、つまらないと正直に発言すること

この二つをまとめればいい。

解答

自分の内なる自然を大切にし、たとえヨーロッパの美がどれほど素晴らしいと世に称されるものであっても、自分の自然に照らしてつまらないなら、正直につまらないと発言しようということ。

さらに深く学びたい人へ

「自然」という概念は、日本人にとって特別に深い意味がある。

自然主義が明治末期から大正時代にかけて猛威を振るったが、現実をあるがまま暴露する文学的風潮に対して、「自然」という言葉をつけたのにも深い意味があるのではないか。

森鷗外は自作の『阿部一族』を初めとする一連の歴史小説に関して、『歴史其儘（そのまま）と歴史離れ』という随筆で、「自然を尊重する念を起こした」と、その真情を吐露している。

このときの「自然そのまま」という概念を、「事実そのまま」と曲解して、大岡昇平などが鷗外の歴史小説と鷗外が使用した史料とを照らし合わせて、事実そのままではないということを盛んに言い立てたことがあったが、鷗外が吐露した「自然」という概念は決してそのような安易なものではなかったと思う。「自然」としてしか表現し得ないような、説明が不可能なものを、鷗外は歴史の中で見いだしているのだ。

たとえば、阿部一族がなぜ滅ぼされなければならなかったのか、そこには人知では計り知れない圧倒的に大きなものがあり、人はそれに逆らうことができないのではないか。

夏目漱石の『それから』の中でも、「自然」という言葉が鍵語になっている。

主人公の代助はかつて三千代を心密かに慕っていたが、親友の平岡と三人で穏やかな友情関係を保っていた。それを代助は後に「雲の様な自由と、水の如き自然とがあった」と述べている。

ところが、あるとき平岡から三千代を愛していると打ち明けられて、代助は平岡のために三千代を周旋してやる。三千代は密かに愛している代助から、平岡と結婚してくれと頼まれ、絶望したまま平岡と結婚していく。まさに「余りに自然を軽蔑しすぎた」のだ。

やがて、平岡と三千代は結婚して東京を去って行ったのだが、再び東京に戻ってきた二人はもはや夫婦関係が破綻していた。それを知って、代助は初めて三千代に自分の気持ちを告白する。そして、親友の妻を奪い取る決意をする。当時は姦通罪があったのだから、それは社会的に抹殺されることを意味していた。

それを代助は「自然に復讐された」と述べている。

漱石も物語の一番の核心に触れたところで、「自然」という言葉を使っているのが面白い。それほど日本の一線級の知識人にとって、「自然」という概念はそれ以外の言葉では言い表せない重要な意味を担っていたのである。

1988年度

第1問

鈴木忠志 演劇論集 内角の和

鈴木忠志（すずきただし）

Profile

一九三九年静岡県清水市生まれ。世界各地での上演活動や共同作業など国際的に活躍するとともに、俳優訓練法スズキ・トレーニング・メソッドはモスクワ芸術座やニューヨークのジュリアード音楽院など世界各国の劇団や学校で学ばれている。独自の俳優訓練法から創られるその舞台は世界の多くの演劇人に影響を与えている。

「演技」と「人間の本質」

演劇論だが、非常に革新的な論ではないか。

やはり東大は斬新で、しかも本質を突いたものの捉え方をした文章が好みである。


ここでは「言語」という概念が鍵語となっている。

私たちが想起する言語を筆者は既成の言語と規定する。なぜなら、筆者は言語をもっと広義の意味に取っているからである。

自分の内面にある何かを他者に向かって伝達する手段が言語だとするなら、何も普段口にしている「言葉」だけが言語だとは限らない。


人を好きになったとき、「愛している」と言葉を口にするよりも、じっと眼を見つめ合ったり、手を握りしめたり、抱擁（ほうよう）するほうが時に自分の気持ちを相手に伝えることができたなら、その行為そのものも一つの言語と言っても過言ではないだろう。

あるいは、自分の心の奥底にある言葉では説明できない何かは、よりいっそう音楽や絵画によって表現することが可能なのかもしれない。

そのとき、音楽や絵画も広義の意味において言語だと言ってもいいだろう。

そして、筆者は演技こそ、それらとは全く異なる新しい言語だとし、その意味と可能性に言及しているのだ。

問題文

　演技について、ひとかどのことを語る人はたくさんいるだろう。だが、演技について語ることが、人間存在の本質を発見する絶えざる行為として自覚化されている人は少ないように思う。演技とは、語られることを拒否するように成立している。それは、語るものではなく、生きるものだ。不用意な精神が、すぐさま可視的に想い浮かべるように、演技とはある形とか、意味伝達の道具として空虚な空間のうちを浮遊しているものではない。いわんや、空間のうちに分散し、非人格化され、断片的に凝固した心でもない。動きとのあいだに充分に規定された関係をもっている空間のなかで、ある個人が、彼自身と出会うための不可避なる営為として行なわれるものである。俳優にとって、そのように生きる場、それを彼自身は世界と名づけてもさしつかえないだろう。そういう性質をもった演技を語って、自己を貫いて遠く人間の真実をあやまたず射抜くとは、未知の世界への投企にちがいない。演技とは、感覚的なプレロジカルな領域として、透明な全体性の相貌のもとにあるものである。そういう前言語的領域を透視して、何ごとか語らなければならない必然性を内部に所有するとは、やはり語る主体が、既成の言語体験の拘束を逃れて、新しい言語領域のなかを生きたいという希求をもつということに等しい。そういう緊張を言葉が獲得したとき、語ることを拒否するひとつの世界が、発見として我々の面前に初めて顕現する。わたしの知識はごく貧しいものだが、今まで目にした演技に対する見解のなかで、プレロジカルな領域と、ロジカルな領域とのはざまを旋回しながら、あやうい均衡の上に、演技についての言語世界を形成しているように思えたのは、世阿弥の『花鏡』の一節であった。

舞に「目前心後」といふことあり。目を前に見て、心を後に置けとなり、これは、以前申しつる舞智風躰の用心なり。見所より観るところの風姿は、わが離見なり。しかれば、わが眼の観るところは、我見なり。離見の見にはあらず。離見の見にて観るところは、すなわち見所同心の見なり。そのときは、わが姿を見得するなり、わが姿を見得すれば、左右・前後を観るなり。しかれども、目前・左右までをば観れども、後姿をば未だ知らぬか。後姿おぼえねば、姿の俗なる所を知らず。さるほどに、離見の見にて、見所同心となりて、不及目の身所まで見智して、五体相応の幽姿をなすべし。これすなはち、心を後に置くにてあらずや。

今から五百年も以前に、演技に対するこのような見解があったというのは、ただただ驚くばかりである。ここに撰ばれ、定着されている言葉は、今でも新しい。私はこの一文を読むたびに、世阿弥が、人間は身体をもつだけで疎外されているということ、そういう他者による疎外のもとで、自分自身を不断に創造していく人間的行為が舞台空間のなかでのみ、純粋に結実していくという鋭い直観を所有していたと感ずるのである。舞台上の人間のある意識に、こういう言葉の与え方をしたということ自体が、私には、見たこともない世阿弥の俳優、演出家としての確かさを保証してあますところがないと思われる。能勢朝次氏によれば、〝離見〟という言葉は造語と考えてよいそうである。そして「世阿弥は離見の見を如何にして養うかには触れていないが、他より考えてみると、見所の批判を謙虚な心をもって受け入れ、師について批点の指摘を受けることであろう」と述べている。能勢氏のいうように、〝離見の見〟とは「如何にして養うか」という次元のものではあるまい。我見とか離見とかは、意識の機能の仕方のことであって、演技というものが絶対的独自性を主張するような自己意識によって行なわれるものではなく、他人知覚を前提としつつ、自己に対する想像的意識に支えられていくという弁証法的なダイナミズムのなかでしか捉えられない、という

出口汪（でぐち・ひろし）

関西学院大学大学院文学研究科博士課程単位取得退学。広島女学院大学客員教授、論理文章能力検定評議員、出版社「水王舎」代表取締役。YouTube予備校「ただよび」顧問。YouTuberとしても「出口汪の学びチャンネル」を開設。現代文講師として、予備校の大教室が満員となり、受験参考書がベストセラーになるほど圧倒的な支持を得ている。また「論理力」を養成する画期的なプログラム「論理エンジン」を開発、多くの学校に採用されている。

著書に『出口汪の「最強！」の記憶術』『芥川・太宰に学ぶ心をつかむ文章講座』『日本語力 人生を変える最強メソッド』（以上、水王舎一般書）、『出口のシステム現代文シリーズ』『出口式 現代文新レベル別問題集』『出口式 中学国語新レベル別問題集』『小学生版論理エンジンシリーズ』『はじめての論理国語シリーズ』『出口式みらい学習ドリルシリーズ「ろんり」「絵でおぼえるかんじ」』（以上、水王舎幼児・小・中・高学参）などがある。

「出口汪の学びチャンネル」

だいわ文庫

東大現代文で思考力を鍛える

著者 出口汪

二〇二一年一月一五日第一刷発行

発行者 佐藤靖

発行所 大和書房

東京都文京区関口一－三三－四 〒一一二－〇〇一四

電話 〇三－三二〇三－四五一一

フォーマットデザイン 鈴木成一デザイン室

本文デザイン 二ノ宮匡（nixinc）

本文印刷 新藤慶昌堂

カバー印刷 山一印刷

製本 小泉製本

ISBN978-4-479-30850-8

乱丁本・落丁本はお取り替えいたします。

http://www.daiwashobo.co.jp